감정이 힘든
어른들을 위한
심리학

"각자의 아픔은 가장 큰 아픔이다."

"Each person's suffering is the greatest suffering."

- 소포클레스 (Sophocles) -

감정이 힘든 어른들을 위한 심리학

Psychology
for adults who have
difficulty with emotions

최정우 지음

다른
상상

프롤로그

인생은 우리에게 다양한 감정과 마음을 선사한다. 그중에는 내 것도 있고 타인의 것도 있다. 삶은 이렇게 나와 타인의 수많은 감정과 마음으로 얽혀 있다. 그 수많은 감정과 마음이 우리를 때로 놀라게 하고, 때로는 흥분시키며, 때로는 아픈 상처를 주기도 한다. 그리고 때로는 우리를 온전히 행복하게 한다. 매 순간 떠오르는 감정들이 삶을 더 풍부하고 역동적으로 만들며 풍미와 가치를 높여주기도 한다. 각각의 감정들은 서로 다른 모습을 하고, 다채로운 마음을 그려내기도 한다. 그러나 때로는 이 감정들이 서로 뒤섞인다. 분노와 슬픔, 시기와 질투, 미움과 사랑은 때로는 하나의 코코넛 껍질처럼 뒤엉켜 우리를 혼란스럽게 만든다. 일종의 감정의 부작용이다. 감정의 부작용은 우리의 삶에 갈등, 분노, 미움, 오해, 시기를 만들기 때문에 잘 받아들이고 잘 다스려야 한다.

나 또한 마찬가지로 삶 속에서 수많은 감정과 마음을 만나고 경험하고 있다. 나 자신이 직접 겪는 이야기, 타인으로부터 전해 듣는 이야기를 만난다. 특히 상담가로서 다른 많은 사람의 마음과 이야기, 감정을 들을 수 있다는 것은 내게 큰 행운이라고 생각한다. 상담실이라는 작은 공간에서 그들의 이야기를 통해 넓은 세상에 흩어져 있는 그 순간의 감정과 마음, 생각들을 모두 만날 수 있기 때문이다.

이러한 이야기들을 접하며 '아, 이럴 땐 이런 느낌을 받을 수도 있겠구나', '그런 상황에서는 그런 생각이 들 수도 있겠구나' 하는 생각이 든다. 이렇게 마음에 담겨 있는 생각들을 발견하며 더 많은 깨달음과 이해를 얻게 된다. 나의 마음, 상대의 마음, 우리 모두의 마음에 더욱 가까워질 수 있었다. 이런 깨달음을 더 많은 사람과 나누고 싶었다. 이런 느낌을 더 많은 사람에게 전해주고 싶었다. 그것이 바로 이 책을 쓴 가장 큰 이유다.

이 책은 나의 이야기와 누군가의 이야기 위주로 구성되어 있다. 상담에서 만났던 누군가의 감정에 대한 나의 해석과 추정을 뒷받침해줄 만한 근거가 필요했다. 이를 위해 관련된 다양한 심리학 이론, 연구 결과, 철학, 명언들을 찾아 나갔다. 그러한 과정에서 타인과 나를 더 잘 이해할 수 있는 기회가 많았다. 내가 마음에 대해 무엇을 알고 있었는지, 무엇을 모르고 있었는지 더 잘 이해하게 되었기 때문이다.

학습심리학 이론에는 티칭 효과(Teaching Effect)라는 것이 있다. 티칭 효과란, 다른 사람에게 지식을 가르치는 과정에서 자신 스스로 그 지식에 대한 이해가 향상되는 현상을 말한다. 쉽게 말해, 누군가를 가르치면서 자신의 지식과 이해가 더 깊어지고 성장한다는 것이다. 나 역시 그랬다. 누군가의 이야기를 듣고, 마음을 이해하는 과정에서 나 자신에 대한 이해를 키울 수 있었고, 그를 통해 심리적 성장을 경험했다. 그러한 경험을 이 책을 읽기로 결심한 여러분들과도 나누어보고 싶다. 여러분이 이 책을 읽어나가며 경험하는 반응은 이런 것들이면 좋겠다.

"아, 이런 상황이 뭔지 알 것 같다. 나도 이럴 때 이런 적이 있었는데…" (공감)

"나만 그런 건 줄 알았는데 아니었네. 다른 사람들도 이럴 때 그렇구나… 다행이다." (위안)

"나한테만 힘든 건 줄 알았는데 다른 사람들도 마찬가지구나. 힘내서 한 번 더 해보자." (용기)

"내(그)가 그럴 때 그런 마음이 들었던 이유를 좀 알 것 같다." (이해)

여러분들이 나의 이야기, 누군가의 이야기를 들으며 공감을 얻고, 위안을 느끼며, 용기를 가지며, 타인을 이해해보는 경험을 해봤으면 좋겠다. 그런 만큼 여러분들은 여유로운 마음으로 스스로의 감정을 대할 수 있으며, 자신과 사람에 대한 좀 더 업그레이드된 자신감을 얻을 수 있을 것이다.

고대 철학자 플라톤(Plato)은 다음과 같은 말을 했다.

"당신이 만나는 모든 사람에게 친절하라.
당신이 만나는 사람 모두
자신만의 힘든 전쟁을 수행하고 있는 사람들이다."
(*"Be kind, for everyone you meet is fighting a hard battle."*)

플라톤은 이 말을 통해 누구나 자신만의 어려움과 고민을 안고 있다는 점을 강조한다. 때때로 우리는 자신의 문제에만 집중하여 타인의 감정을 간과하기 쉽다. 타인을 이해하고 인정해보는 노력을 좀 더 많이 해봐야겠다는 생각이 든다.

각자의 마음은 그에게는 전부이다. 누군가의 마음은 다른 누군가의 마음으로 측정될 수 없다. 당신이 느끼고 있는 그 마음을 그 자체로 존중해보자. 다른 사람의 마음을 그 자체로 인정해주자. '그럴 수도 있겠다'라고 생각해주는 마음이 나와 타인에 대한 마음에 다가가는 지름길이다. 지름길을 놔두고 멀리 삥 돌아가지는 말자. 이 책을 통해 여러분들이 많은 깨달음과 성장을 이루며, 자신과 타인에 대한 더 깊은 이해를 얻기를 바란다.

최정우

차 례

III.

내게 좋은 감정만 선택하는 법

IV.
마음 중심이 단단한 어른으로 살아간다는 것

V.

나를 이해하고 타인을 존중하는 감정 습관

Love yourself first and everything else falls into line.
You really have to love yourself to get anything done in
this world.

I.

감정을
내 삶의 나침반으로 삼으면
달라지는 것들

누군가의 아픔은 어떤 크기의 것이건
그에게는 모든 것이다

"에이, 뭐 그런 거로 힘들어하고 그래. 괜찮아."

"그건 힘들어할 일이 아닌데?"

"괜찮아요, 괜찮아. 그런 건 아무것도 아니에요."

우리가 종종 누군가에게 듣는 말이다. 또는 우리가 종종 누군가에게 하는 말이다. 이런 말에는 자신의 기준으로 상대방의 심리적 고통을 평가할 수 있다는 생각이 전제되어 있다. 그런데 정말 그럴 수 있을까? 타인의 심리적 고통이 객관적으로 측정될 수 있을까?

군 복무 중인 20대 초반의 S씨는 군대에서 동기들과 잘 어울려 지내지 못했고, 선임들에게도 따가운 눈총을 받았다. 밥도 주로 혼자 먹고, 주변 사람들로부터 겉돌고 있었다. 그는 부대 안에서 마음을 터놓고 얘기를 나눌 수 있는 사람이 단 한 사람도 없었다. 오해 때문에 주변 사람들이 자신에 대해 부정적 시각을 갖고 있다고 생각했지만 그 누구에게도 적극적인 도움을 청하지 않았다. 자신에게는 힘든 일이어도 남이 보기에는 별것이 아닌 것으로 비칠 수 있다고 생각했다. 그의 이야기를 듣고 나는 그에게 이런 말을 해주었다.

"힘든 일이 별건가요? 내가 힘든 일이 있으면 그게 별거지요."

그렇다. 내가 힘이 들면 힘이 든 것이다. 남이 볼 때 '힘든 일이냐, 아니냐'는 중요하지 않다. 내가 힘겨운 것을 타인에게 허락을 받아야 하는가? 주위 사람에게 허락받고 힘들어해야 하는가? 그렇지 않다. 그런 의미에서 심리적 고통은 상대적이다. 내가 느끼는 힘겨움이, 심리적 고통이 타인의 눈에 어떻게 비춰질지 걱정하지 말자. 힘든 일이 있다면 자신을 먼저 생각하자. 도움받을 일이 있다면 적극적으로 요청하고, 적극적으로 알리자. 그렇게 해서 몸과 마음을 회복하는 것이 진정으로 자신을 위한 행동이다.

30대 남성 J씨는 중학생 시절 따돌림을 당했다. 외롭고 힘든 날이 계속됐지만 부모님이 이혼을 하고 가정의 분위기가 좋지 않아서 자신의 괴로움을 이야기하기가 힘들었다. 고민 끝에 그는 담임 선생님을 찾아가 그간의 일들과 속마음을 털어놓았다. 그런데 놀랍게도 담임 선생님은 대수롭지 않다는 듯 반응했다고 한다.

"뭘 그런 걸로 죽으려고 해. 그런 걸로 죽으려 하면 안 돼."

그러면서 선생님은 마음이 너무 약하다고 되레 그를 다그쳤다. 그날 이후 J씨는 죽음을 결심하고 자살시도 직전까지 갔다. 그 말을 듣고 나는 말할 수 없는 분노가 끓어 올랐다. 누가 누구의 마음을 평가할 수 있단 말인가? 누군가의 힘든 마음을 다른 누군가가 "그건 힘들어할 일이다, 아니다"를 평가할 수 있단 말인가? 당시 그런 말을 들었을 중학생의 J씨가 눈에 그려져 마음이 너무나도 아팠다. 나는 J씨에게 당시 담임 선생님을 대신해 미안하다고 했다.

그 선생님은 타인의 마음을 자신의 기준대로 판단하고 있었다. 자신의 관점에서는 상대방이 가지고 있는 고민이 별일 아니라고 생각하고 있었다. 물론 그런 생각이 들 수는 있다. 하지만 그 생각을 상대에게 강요해서는 안 된다. 그런 반응을 접한 아이의 마음은, 상대의 마음은 어떻겠는가?

'아, 그렇구나. 나는 이런 일로 죽으면 안 되는 거구나. 이런 생각이 잘못된 것이구나. 내가 잘못 생각했다. 죽지 말아야겠다.'

이런 생각이 들 것 같은가? 절대 아니다. 오히려 공감받지 못하고 혼자라는 생각이 더 강화되었다. 캐나다 맥길대학교 심리학과 로렌스 커메이어 교수는 개인적 가치관, 신념,

믿음, 문화적 요소, 사회적인 압력, 정신적 외상 경험, 가족관계, 사회적 지지의 부재 등 여러 가지 요인들에 따라 심리적 고통이 각 개인에게 다른 양상으로, 다른 수준으로 발생하고 있음을 발견했다.[1]

누군가는 대수롭지 않게 여기는 무언가가 다른 이에게는 커다란 고통으로 작용할 수도 있다. 반면 누군가에게 큰 심리적 고통이 다른 이에게는 대수롭지 않게 느껴질 수도 있다. 이렇듯 심리적 고통은 사람마다 서로 다르게 작용한다. 자신의 기준으로 타인의 고통을 평가하지 말자. 그 사람이 힘든 것은 힘들어할 만하니 힘든 것이다. 당신이 힘들면 힘들어할 만하니 힘든 것처럼 말이다. 누군가가 힘들어하는 모습을 보인다면 그 자체를 인정해주자. 마찬가지로 자신에게 힘든 일이 있다면 힘들어하는 자기 자신을 그대로 인정해주자.

힘들어하는 누군가를 본다면, '이 사람은 이런 것 때문에 힘들어할 수 있겠구나' 하며 그 자체를 수용해주자. 그렇다고 맹목적으로 공감해줄 필요는 없다. 공감하려 애를 써봐도 잘

되지 않을 수도 있다. 공감해보려고 노력해봤다는 것이 중요한 것이다. 그것만으로도 충분하다.

사람들은 자신의 심리적 고통을 누군가로부터 이해받았다는 것 자체에 대해 긍정적 감정을 느낀다. 여기까지가 우리가 해야 할 일이다. 그래서 나는 상담을 할 때나 일상생활에서 누군가를 대할 때 나의 기준에서 상대방의 심리적 고통을 평가하지 않도록 주의한다. 되도록 이런 말이나 표현으로 답하려 한다.

"이야기를 듣고 보니 내가 그 입장이었더라도, 나라도 그런 마음이 들 수 있을 것 같다. 힘들었겠다."

내가 진심으로 공감해서 한 말이냐 아니냐는 중요하지 않다. 나의 말 한마디가 상대방이 마음을 추스르고 용기를 내는 데 도움이 된다면 그 말 한마디를 해주지 못할 이유가 있을까? 여러분도 지금, 이 순간 분명 어떤 고민이 있을 것이다. 어떤 괴로움을 가지고 있을 것이다. 당신이 힘들어하고 있다는 사실을 스스로 인정해주자. 그리고 그것에 대해 도움을 요청하자. 혼자서만 끙끙 앓지 말자. 당신이 힘들어할 만한 문제인지 아닌지에 대해 타인의 판단을 받을 필요는 없다. 타인에게는 도움만 받으면 된다.

누군가의 아픔은 어떤 크기의 것이건, 그에게는 모든 것이다. 마찬가지로 당신이 겪고 있는 어려움은 작은 것일 수 있지만 그렇다고 무시해서는 안 된다. 당신이 겪고 있는 어려움이 얼마나 크든, 도움을 청하는 것은 당신이 강한 사람이라는 증거다. 그것이 정말 강한 사람이 할 수 있는 행동이라는 것을 잊지 말자.

자신의 속마음을
타인의 것처럼 표현하는 사람들

회사에 다닐 당시 월요일 아침에 출근을 하자 팀장님이 먼저
와 계셔서 인사를 드렸다.

　"팀장님, 안녕하세요. 좋은 아침입니다!"

　"응, 최 대리 안녕. 월요일 아침이라서 출근하기 싫었겠
다."

　"아, 네… 하하……"

물론 월요일 아침 출근이 반갑지는 않았다. 하지만 그런

마음을 표현한 적은 없었다. 그 마음은 사실 팀장님의 마음
이었다. 월요일 아침이라 출근하기 싫었던 마음은 팀장님
자신에게 있었지만 마치 다른 사람의 마음인 것처럼 표현한
것이다.

투영이란 심리학에서 방어기제(Defense Mechanism) 중 하
나로 알려진 심리적 현상이다. 이는 개인이 자신의 부정적
인 감정, 욕구, 특성을 다른 사람의 것으로 돌려서 말하거나
행동으로 나타내는 것을 말한다. 이러한 투영은 언제 일어날
까? 주로 부정적인 감정, 욕구에 대한 불만, 내면의 충돌을 완
화하여 표현하고 싶을 때 사용된다. 우리의 문학작품에서도
투영의 예시를 볼 수 있다. 윤동주 시인의 대표적 작품 〈서
시(序詩)〉에 이런 구절이 있다.

죽는 날까지 하늘을 우러러 한 점 부끄럼이 없기를,
잎새에 이는 바람에도 나는 괴로워했다.

별을 노래하는 마음으로 모든 죽어가는 것을 사랑해야지.

그리고 나한테 주어진 길을 걸어가야겠다.

오늘 밤에도 별이 바람에 스치운다.

마지막 행의 "오늘 밤에도 별이 바람에 스치운다"라는 표현에 주목해보자. 저 하늘 높이 떠 있는 별에 바람이 스치고 있다는 것을 윤동주 시인은 어떻게 알았을까? 별이 바람에 흔들리고 있는 것이 보이는 것도 아닐 텐데 말이다. 별이 바람에 스친다는 표현은 실제로 그런 상태를 나타낸 것이 아니라 윤동주 시인 자신의 그러한 마음을 표현한 것이라 생각할 수 있다.

그는 왜 별이 바람에 스치고 있는 것으로 느껴졌을까? 그 자신이 바람에 스치고 있는 것처럼 느껴졌던 것 아닐까? 바람에 스치는 별은 일본에 의해 괴롭고 힘든 시기를 살아가고 있는 대한민국과 윤동주 시인 자신이라고 생각해볼 수 있다. 일본에 의해 고통받고 있는 자신의 마음이 투영되어 밤하늘의 별도 바람에 스치는 것처럼 힘들고 괴롭게 보였을 수 있다.

내 마음이 슬프면 다른 모든 것도 슬프게 느껴지는 법이다. 지나가는 사람들도 슬퍼 보이고, 하늘의 지저귀는 새들도 슬픔을 노래하는 것 같다. 투영은 우리 일상에서 자주 경험할 수 있는 심리적 현상이다. 이러한 투영에는 긍정적 효과도 있다. 자신의 마음처럼 타인의 마음도 그럴 수 있다고 느끼는 것, 공감을 가능하게 한다.

예를 들어, 나는 아내의 남편으로서, 아이들의 아버지로서 가끔 정신이 없을 때가 있다. 너무 바쁜 것이다. 이럴 때는 몸이 둘이면 좋겠다는 생각이 든다. 그래서 그런지 나와 비슷한 처지에 있는 다른 또래 남성들을 볼 때 남 일 같지 않다. 퇴근길 지하철에서 꾸벅꾸벅 조는 분을 보면 '저분은 어디 가서 30분이라도 자고 오는 게 소원이겠다'라는 생각이 든다. 또, 어떤 분이 대형마트에서 양손에 가득한 짐을 힘겹게 차에 옮겨 싣는 모습을 보면 '저분은 지금 팔이 하나 더 있으면 좋겠다'고 생각하겠구나 싶다. 또 다른 분이 주차한 차 안에 홀로 앉아 스마트폰을 들여다보고 있는 모습을 보면 '자신만의 시간을 확보하고 싶어서 차 안에 계시는구나' 하는 생각이 든다. '그들의 마음이 이렇겠거니' 하는 생각이 드는 것은 실은 나의 마음이다. 그런 만큼 그들을 더 잘 이해하고 공감할 수 있다.

한편 이러한 투영에 긍정적 효과만 있는 것은 아니다. 투영으로 인한 부작용이 실생활에서 발생할 수 있다. 가장 중요한 것 중 하나는 자신의 마음과 상대의 마음을 혼동하여 그릇된 판단과 행동을 할 수 있는 점이다. 즉 자기도 모르게 자신의 마음을 상대방의 마음에 투영시켜 잘못된 판단과 행동을 할 수 있다.

직장동료들과 교육에 참석했을 때의 일이다. 나는 그 교육이 지루하게 느껴졌다. 이미 다 아는 내용이라는 생각이 들었고, 새롭고 유익하다는 느낌이 없었다. 쉬는 시간에 동료 두 분과 이야기를 나누다가 내가 말을 꺼냈다.

"아까 교육 때 보니까 표정이 좀 지루해 보이시던데 괜찮으신가요?"

"그래 보였나요? 아닌데요. 재밌게 잘 듣고 있는데요."

"아, 네…"

순간 분위기가 싸해졌다. 나는 왜 그런 말을 했던 것일까? 실은 내 마음이 그랬기 때문이다. 내가 지루하게 느끼고 있었기 때문이다. 그런데 그런 마음을 대놓고 표현할 수 없으니 남의 마음을 빌려서 표현했던 것이다. 문제는 상대방은 그렇지 않았다는 것이다. 내 마음과는 달랐다. 그분 입장에서는 황당할 수도 있지 않겠는가? 그러므로 자신도 모르게 타인에게 자신의 마음을 투영하는 경우는 없는지 주의를 할 필요가 있다. 상대방의 마음과 나의 마음을 혼동하지 않았으면 좋겠다. 그래야 본의 아니게 상대방의 기분을 망치지 않을 수 있다.

17세기 프랑스 작가 프랑스와즈 드 라 로슈푸코는 다음과 같은 말을 했다고 전해진다.

"남의 마음에는 아무도 들어갈 수 없으며
오직 그 자신만이 그 소유자다."

자신 본인만이 자신의 마음을 진정으로 잘 이해하고 파악할 수 있다는 의미다. 그의 말처럼 다른 사람의 마음이나 내면을 함부로 짐작하거나 평가하는 일에 대해 주의하지 않으면, 때로는 오해와 갈등을 초래할 수 있다. 따라서 일상 속 투영은 타인의 감정을 좋은 방향으로 공감하는 데만 주로 활용하고, 타인의 감정을 너무 쉽게 넘겨짚어 실수하는 일은 없도록 주의하자.

타인의 판단 하나에
무너지지 않는 내가 되는 법

"야, 이 돼지 새끼야. 너 담배 피우지?"

　J씨가 중학생 당시 학교에서 친구들한테서 들었던 말이
다. 그는 초등학생 시절부터 놀림을 당했다. 체격에 비해 과
한 체중과 학습 속도가 또래에 비해 느리다는 점 때문이었
다. 친구들의 그런 놀림에도 그는 겉으로 '하하' 하고 웃어넘
겼다고 한다. 자신의 감정을 솔직히 표현하면 친구들이 떠
나고 자신이 혼자 남을까봐 무서웠기 때문이다. 그때부터
그는 자해행동을 하기 시작했다. 손톱으로 자신의 이마를

세게 긁어대서 피가 날 지경이었다고 한다. 그게 아니면 극심한 수준의 정신적 고통과 스트레스를 달리 해결할 방법이 없었다.

도가 지나친 장난에도 그는 친구들에게 맞설 용기가 없었다. 친구들에게 자신의 감정과 생각을 표현하면 모든 친구가 자신을 더 미워할 것 같았다. 친구들로부터, 사람들로부터 미움받는 것이 그는 두려웠다. 친구들로부터 그런 몹쓸 대우를 받으면서도 그가 참고 버텼던 이유다.

현재 20대 중반이 된 그는 겉으로 보기에는 큰 문제가 없어 보였지만 실은 감정을 무조건 숨기는 사람이 되었다. 자신의 감정을 밖으로 드러내면 자신이 가장 두려워하는 상황, 즉 사람들로부터 미움받을 것이라는 비합리적인 믿음이 고착화돼 있었다. 이러한 믿음은 그가 중학생 때 겪었던 일들 때문에 형성됐을 가능성이 크다. 그때부터 그는 자신의 감정을 솔직하고 건강하게 다루는 데 어려움을 겪었을 것이다. 자신의 감정을 표현하면 미움받을지도 모른다는 생각에 불편하거나 위험하다고 느꼈을 것이다. 자신을 솔직하게 드러내는 것 자체가 두려웠을 것이다.

심리학자 에릭 에릭슨이 발전시킨 '자아경계이론(Ego Boundary Theory)'은 사람들이 자신과 외부 세계 사이에 형성하는 경계에 대해 설명한다. 여기서 말하는 경계란 자아의 느낌과 인식을 보호하고 자신과 타인을 구분하는 역할을 한다. 적절한 경계 설정은 자아의 안정성, 자기 정체성을 유지하는 데 필수적이다. 문제는 이 경계가 적절하지 않을 때 발생한다. 경계가 지나치게 약할 때는 자신의 정체성을 유지하기 어렵고, 다른 사람들의 영향을 받기 쉽다. 또한 다른 사람들의 의견이나 비판에 너무 많이 의존할 수 있다.

그러므로 타인의 비판이나 시선에 너무 예민하게 반응하고 있는 것 같다면 자아의 경계가 약해지고 희미해져 있는 상태일 수 있다. 다른 사람이 나를 바라보는 시선, 다른 사람이 나에 대해 내리는 평가, 다른 사람이 나에게 느끼는 감정 등에 너무 휘둘리고 있다는 생각이 든다면, 자아의 경계가 너무 희미해져 있는 것은 아닌지 생각해봐야 한다. 자아 경계를 명확히 하려면 어떻게 해야 할까? 아래의 연구에서 그 힌트를 얻을 수 있다.

미국 듀크대학교 심리학과 마크 리어리 교수는 '인상 관리와 자기 인식'이라는 주제로 연구를 수행했다. 자기 인식이란, 자신의 성격, 능력, 가치, 감정 등에 대한 이해 수준을 말한다. 즉 자기 인식 수준이 높은 사람은 자신의 강·약점, 성격, 감정 등에 대해 잘 알고 있다. 연구결과에 따르면, 자기 인식이 높은 사람들은 자아경계 설정 또한 적절한 수준으로 잘 되어 있었다. 적절한 수준의 자아 경계 설정 소유자는 타인의 평가에 덜 민감하며, 자신의 가치와 능력을 더욱 인정하고 사랑하는 경향을 보였다고 한다.[2]

쉽게 말하면, 자신의 강·약점, 성격, 감정을 잘 이해하고 있는 사람들은 자아의 경계가 명확하다. 이는 다른 사람의 비판이나 시선에 휘둘리지 않을 가능성이 높다는 의미이다. 앞의 사례에서 소개되었던 J씨도 같은 맥락에서 이해해볼 수 있다. 그는 학창 시절부터 자신이 부족하다고 느꼈던 점, 외모나 학습능력에만 초점을 맞추고 있었다. 자신의 강점, 성격, 감정과 같은 요소는 등한시했다. 스스로를 이해해 볼 수 있는 기회가 부족했다. 그가 다른 부분에도 신경을 쓸 수 있도록, 관심을 가질 수 있도록 도움을 주는 사람이 있었으면 하는 아쉬움이 크다.

최근 여러분 스스로가 주위 사람의 시선이 유난히 신경 쓰인다면, 주위 사람의 영향을 많이 받는 것 같다면 자신을 좀 더 이해해보는 시간을 갖자. 우선 자신의 강·약점을 정리해보자. 자신이 무엇을 잘하고 어떤 능력을 가지고 있는지를 목록으로 작성해보자. 그러한 과정을 통해 자기 인식을 명확히 할 수 있다. 과거의 경험과 성과도 정리해보자. 자신이 어떤 일에서 성공을 거둔 적이 있었는지를 되새겨보자. 어떤 업적이나 도전에 성공한 경험을 상기시키면서 자신의 능력과 강점을 되새겨보자.

학창 시절에 받았던 상이 될 수도 있고, 주위 사람들에게 자주 들었던 칭찬이 될 수도 있다. 유난히 즐겁고 재미가 있었던 일이 될 수도 있다. 이렇게 자신에 대해 생각해보는 시간을 가져야 한다. 그런 시간을 자주 가질수록 자신에 대한 이해를 높이고 자신에 대한 믿음, 즉 자신감을 가질 수 있다. 자신의 가치를 찾을 수 있다. 나에겐 누군가를 상담해주는 일이 그랬다. 누군가의 고민을 듣고, 공감하고, 적절한 대화를 나누는 일에 기쁨과 보람을 느꼈다. '너는 상담을 하면 잘하겠다'는 얘기를 종종 들었던 것 같다.

누구나 타인으로부터 미움받는 상황이 두렵고 불편하게 느껴질 수 있다. 하지만 그 정도가 너무 심하게 느껴진다면 자신의 신념, 마음, 목소리에 귀 기울일 필요가 있다. 타인의 시선이나 비판 자체를 두려워해서는 안 된다. 자신의 신념과 마음에 맞게 타인의 의견을 가려듣고 판단할 수 있게 해야 한다. 수용할 만한 의견이면 겸허하게 받아들이고, 그렇지 않은 것 같다면 담담하게 무시할 수 있는 마음을 지녀야 한다.

어차피 모든 사람을 만족시키고, 모든 사람에게 사랑과 애정을 받으며 살아갈 수는 없다. 때론 미움받을 용기도 필요한 법이다. 그래야 내가 내 목소리에 귀 기울이며 앞으로 나아갈 수 있다. 그래야 비합리적인 타인의 행동에도 당당하게 맞설 수 있다. 그래야 자신의 감정, 느낌, 생각을 적절한 방법으로 적절하게 표현할 수 있다. 이 모든 것의 첫 단계는 당신이 당신 자신을 먼저 인정하고 사랑하는 것이다.

1990년대 미국에서 코미디의 여왕으로 불렸던 여배우 루실 볼은 이런 말을 했다.

"당신 자신을 먼저 사랑하세요.
그래야 모든 것이 조화롭게 풀립니다.
여러분은 여러분 자신을 진심으로 사랑해야
이 세상에서 원하는 것을 이룰 수 있습니다."

여러분은 스스로를 사랑하고 있는가? 얼마나 사랑하고 있는가? 자신을 먼저 사랑해야 다른 사람에게 미움받을 용기도 가질 수 있다는 점을 잊지 말자. 내가 옳다고 생각하고 내가 스스로에게 당당하다면 타인의 시선과 미움은 견뎌낼 수 있다. 그까짓 미움, 그건 별거 아니다. 의연하고 담담한 당신이 되기를 바란다.

상처가 자책으로 이어지는
악순환을 반복하고 있다면

P씨는 아내로부터 이런 카톡을 받았다.

"왜 나한테 지랄이야?"

그는 참 어이가 없고, 황당했다. 배우자로부터 이런 말을 들으니 만감이 교차했다. 그는 배우자가 참 교양 없고, 수준이 낮다는 생각이 들었다. 그러한 감정은 수치심, 모멸감 등으로 이어지다가 스스로가 비참하게 느껴졌다. 그런 사람을 배우자로 선택한 자신이 답답하고 후회됐다. 자신이 못난 선택을 해서, 자신이 부족한 사람이라서 그런 사람과 살고 있다는 생각이 들었다. 자신을 탓하기 시작했다.

나 역시 그럴 때가 있다. 주로 누군가와 다툴 때 이런 일이 일어난다. 누군가와 다투는 도중 공격적 언행이나 비난을 받으면 당연히 기분이 좋지 않다. 그 상대가 배우자, 동료 등 가까운 사람이면 그 분노는 더 타오른다. 그런 욕을 듣고 있으면 나 자신이 비참해지기까지 한다. 그런 말을 듣는 나 자신이 싫어지는 것이다. 내가 어떤 잘못을 한 것만 같다. 희한한 감정이다. 이처럼 상대로부터 공격적 언행을 듣고 기분이 나빠지면 오히려 자신을 탓하는 사람들이 있다. 이러한 사람들의 특징은 무엇일까?

첫 번째, 자기 비판적 태도를 가진 사람일 수 있다. 기본적으로 자기 비판적인 성향이 높은 사람은 평소에도 자신에 대해 부정적으로 생각하는 경향이 있다. 어떤 상황에서도 자신을 탓하고 자기 비난을 하는 경향이 강하다. 예를 들면 '내가 저런 말을 듣는 건 내 잘못이다. 내가 저렇게 만들었다'

라고 생각하는 것이다.

두 번째, 외부 수용도가 높은 사람일 수 있다. 즉 외부로부터 유입되는 주변의 의견, 타인의 평가에 민감하게 반응하는 사람이다. 다른 사람들의 의견을 자신의 가치 판단에 활용하고 자신을 평가하는 데에 의존한다. 그러므로 상대의 공격적 언행을 경험하는 경우조차 자신을 탓할 수 있는 것이다. 예를 들면 상대로부터 공격적 언행이나 비난을 받았을 때 이와 같이 생각할 수 있다.

'내가 상대로부터 이런 말을 듣는 걸 보니 나는 형편없는 사람인 거구나. 이것이 사람들이 나에 대해 하는 평가야. 나는 그런 사람인 거야.'

세 번째, 자아존중감이 낮은 사람일 수 있다. 미국 듀크대학교 심리학과 교수 마크 리어리 교수는 자아존중감의 본성과 기능에 대한 연구를 수행했다. 연구결과에 따르면, 자기존중감이 낮은 사람들은 다른 사람들의 평가를 중요하게 여

기는 경향이 높았다.[3]

이들은 평소 자신에 대한 긍정적인 인식과 자신감이 부족한데, 상대방의 공격적 언행을 듣는 상황에서도 이를 자신의 부족한 가치나 능력으로 연관지어 생각하는 것이다. 예를 들면 '역시 나는 못난 놈이구나. 내가 못난 놈이니까 이런 얘기까지 듣는 건 당연하지', '이런 얘기를 듣는다니 내 능력 부족이야'와 같은 생각들이다.

그런데 가만히 생각해보자. 상대방에게 공격적이고 상처를 주는 말을 한 사람이 잘못한 걸까? 그런 말을 들은 사람이 잘못한 걸까?

당연히 그런 말을 한 사람이 잘못이다. 비난하고, 욕을 한 건 상대방이다. 그런 상황에서 상대방은 욕을 하지 않고도 얼마든지 차분하게 평화로운 대화로 문제에 대해서 얘기할 수 있었을 것이다. 하지만 상대방은 그런 선택을 하지 않았다. 자신의 감정을 이기지 못하고, 욕을 내뱉고 상대방에게 상처를 준 것이다. 공격적 언행을 한 사람은 그 사람이다. 잘 못은 그런 언행을 일삼은 사람에게 있지, 그런 말을 들은 사람에게 있지 않다.

여러분도 누군가로부터 공격적인 말을 듣거나 비난을 받은 경우, 자신을 탓하는 경우가 생길 수 있다. 상대방에 대한 분노가 자신에 대한 원망으로 이어질 수도 있다. 이러한 경우 자신을 탓하는 마음에서 벗어나 마음의 평정심을 되찾을 수 있는 방법은 무엇이 있을까?

자신의 감정을 다시 바라보는 '긍정적 재평가 방법(Positive Reappraisal)'이 도움이 될 수 있다. 긍정적 재평가란 상황을 긍정적인 방식으로 재해석하는 것을 의미한다. 쉽게 말하면 부정적 감정이나 상황에 직면했을 때 긍정적 측면을 강조하거나 다른 관점에서 바라보는 것을 뜻한다. 상대방의 도발로 인해 분노나 짜증을 느낄 때 긍정적 재평가는 부정적 감정을 완화하거나 변화시킬 수 있다.

헤브루대학교 심리학과 교수 마야 타미르는 '상대방이 도발을 하는 상황에서의 감정 조절'이라는 주제로 연구를 수행했다. 연구결과에 따르면 상대의 도발로 인해 분노, 짜증 등의 부정적 감정을 느낄 때 긍정적 재평가를 통해 감정을 변화시키는 것이 도움이 된다고 설명했다.[4] 다른 사람에게 공격적인 언행이나 비난을 들었을 때 긍정적 재평가를 어떻게 활용해볼 수 있을까? 이렇게 생각을 해보자.

'저 사람은 지금 나에게 모욕적인 언어를 사용하고 있다. 물론 기분은 나쁘다. 하지만 나는 반응하지 않을 것이다. 저런 언어를 사용하는 사람이 잘못이지 나의 잘못은 아니다. 저런 언행을 일삼는 저 사람의 문제지 나의 문제가 아니다. 저런 문제적 행동에 일일이 대응할 필요가 없다. 저 사람의 잘못으로 나를 탓하지 말자. 저 사람의 잘못으로 내가 후회할 만한 행동은 하지 말자.'

"당신은 당신에게 무슨 일이 일어날지 결정할 수는 없지만 당신이 그것에 대해 어떻게 반응할지는 통제할 수 있다."

의미치료(Logotherapy)를 창시한 심리학자 빅터 프랭클이 한 말이다. 그의 말처럼 우리는 다른 사람들의 언행을 직접적으로 통제할 수는 없지만 그에 대해 어떻게 반응할지는 우리 스스로 선택할 수 있다. 누군가의 언행이 공격이나 상처가 될 수 있지만 그 상황에 대한 태도와 해석을 어떻게 선택하느냐에 따라 잘 흘려보낼 수 있다. 상대방의 언행에 대해서 여러분 자신을 탓하지 말고, 그 책임 또한 자신에게 돌리지 말고, 나에게 가장 좋은 선택, 나 자신을 위한 선택을 하자.

습관처럼
'내 탓' 하는 사람들

20대 중반의 직장인 K씨는 최근 불면증, 무기력감, 분노, 자책감 등을 경험하고 있다. 주된 원인은 직장 상사의 폭언이었다. 상사는 K씨에게 "너 내가 죽여버린다", "내가 너 회사 오래 못 다니게 만들어버린다"와 같은 인격 모독적, 협박적 말들을 일삼았다. 특히 죽여버린다는 말은 K씨에게 큰 충격이었다. 그에게 죽음이라는 말은 다른 사람보다도 더 충격적으로 민감하게 다가왔을 것이다.

"왜 나한테 그런 식으로 말을 하지"라고 되뇌며 자신에게 폭언을 했던 상사를 원망하고 있었다. 문제는 그러한 원망이 상대에게만 향하지 않는다는 것이었다. 그러한 원망은 그 자신을 향하기도 하였다. 그는 자책하는 경향이 강해 보였다. 자신에게 일어난 일이, 자신이 감당하기 어려운 일들이 일어나는 과정에서 자신을 탓하기 시작했다. 자신은 이런 일도 제대로 버티지 못하고 힘들어하는 나약한 사람이라는 생각으로 이어졌다. '내가 조금 더 강한 사람이었다면 이런 상황에서도 힘들어하지 않고 잘 버텨낼 수 있었을 텐데' 하는 자책이 계속됐다.

K씨와 이야기를 나눠보니 그는 앞으로 어떤 상황이 전개되더라도 자신에게 힘든 상황이 될 것이며, 자신은 그 상황을 잘 버텨내지 못할 것으로 예상했다. 앞으로 어떻게 해야 할지 막막하다고 했다. 앞으로 일어날 일들에 대해 몹시 불안해 보였다. 그는 왜 모든 것을 자기 탓으로 돌리려 했을까? 자신이 잘못한 일이 아닌데도 왜 자신을 탓할까?

영국 사우스 웨일즈대학교 심리학과 교수 폴 길버트와 동료 연구자들은 자책하는 경향과 자기 안정감이 낮은 것의 상관관계에 대한 연구를 수행하였다. 연구결과에 따르면, 자책하는 경향이 높은 사람들은 자기 안정감이 상대적으로 낮은 편이라는 사실을 확인하였다. 자기 안정감이 낮은 사람들은 쉽게 불안을 느끼고 불확실성을 두려워한다. 바꿔 말해서 쉽게 불안과 두려움을 느끼는 사람들이 자책할 가능성이 높다는 의미다.[5]

불안과 두려움을 많이 느끼는 사람들은 자신의 성공을 우연이나 운과 같은 외부 요인에 귀속시키는 경향이 있다. 반면, 실패를 하거나 어려운 상황이 닥치면 이를 자신의 탓으로 돌리는 경향이 있다. 즉 실패를 자기 능력의 부족으로 해석하고 이에 대해 자책하는 것이다. 이러한 사고 패턴은 자책과 부정적 자기평가를 증폭시키고, 자신의 능력에 대한 불안과 두려움을 더욱 강화시킬 수 있다.

여러분 자신이 혹시라도 자책을 자주 하는 편이거나 자책을 자주 하는 사람이 주위에 있다면, 쉽게 불안과 걱정을 느끼는 성향인지도 함께 생각해보면 좋겠다. 앞서 살펴본 것처럼 쉽게 불안과 걱정을 느끼는 사람이 자책을 자주 할 가능성도 크기 때문이다. K씨 역시 평상시에 쉽게 불안과 두려움을 느끼는 편이었다. 일어나지 않은 일에 쉽게 걱정하고 많은 두려움을 느꼈다고 했다. 이러한 자책은 자책에서 끝나지 않을 수 있다. 실제 부정적 행동으로 이어질 가능성이 높다. 자책감에서 서둘러 빠져나와야 하는 이유다.

그건
당신의 잘못이 아니다

미국 조지메이슨대학교 심리학과 교수 제프리 스투이그는 '아동기에 자책하는 경향이 성인이 되었을 때 미치는 영향이 라는 주제로 연구를 수행했다. 연구실험에 참가한 아이들에 게 스스로 자책하는 정도에 대해 평가하게 하고 그 후 5년, 10년, 15년 후 성인기에 해당하는 시기에 이들이 위험한 행 동이나 불법행위를 한 적이 있는지 관찰하였다. 그 결과, 아 동기 때 스스로 평가한 자책의 정도가 높을수록 성인기에 위 험한 행동과 불법행위를 더 자주 저지르는 경향이 있다는 점을 발견했다. 자책 성향이 높았던 아이들은 성인이 되어서 도박, 알코올, 약물 남용 및 폭력 행동 등 위험한 행동을 더 자주 시도하는 것으로 나타났다.[6]

자책하는 경향이 지속된다면 그러한 감정을 달래기 위해 도박, 알코올과 같은 것들에 의존하게 되는 것이다. 그런 부작용을 방지하기 위해서라도 자책하는 습관은 피하는 것이 좋겠다. 그렇다면 어떻게 자책을 하지 않을 수 있을까?

가장 중요한 것은 신념과 사고(思考)의 변화에 있다. 모든 문제의 원인이 자신에게 있다고 여기는 자동적 사고를 수정해줘야 한다. 자동적으로 자신을 탓하는 것은 일종의 패턴이다. 이런 패턴에 어떻게 변화를 줄 수 있을까? 객관적으로 상황을 바라보고 인정하는 노력이 필요하다.

앞의 사례에 나온 직장인 K씨의 이야기로 돌아가보자. 그가 막말을 하는 선임을 만나고, 폭언을 듣는 것은 당연히 그의 잘못이 아니다. 그런 환경을 이기지 못하고 힘들어하는 자신이 약해서 그런 것이라는 생각은 당연히 잘못된 생각이다. 그런데 본래 걱정과 불안이 많은 사람이라면 그 당연한 생각을 당연하게 하지 못한다. 안 좋은 일이 있을 때마다 자동으로 자신을 탓하기 때문이다. 이러한 패턴을 깨야 한다. K씨와 같은 사람들에게 자책하지 않아도 되는 이유를 설명해주고 싶었다.

"그런 말을 듣고, 그런 대우를 받아서 괴롭고 힘들고 슬픈 것은 당신이 특별히 약한 사람이라서 그런 것이 아닙니다. 누구라도 그러한 말을 듣고, 그러한 대우를 받았다면 똑같이 힘들고 괴로웠을 겁니다. 문제는 그 사람에게 있는 것이지, 당신에게 있는 것이 아닙니다. 그러니 자책하지 않았으면 좋겠습니다."

동화 《못난 오리새끼》 주인공인 새끼오리는 다른 오리들에 비해 모습이 특이하고 예쁘지 않기 때문에 자신 스스로를 못난 존재로 여긴다. 특히 다른 오리들과 다른 자신의 회색 털이 유난히 못나 보이고 싫었다. 그 모든 탓을 자신에게로 돌렸다. 그런 모습으로 태어난 자신을 원망하고 탓한 것이다. 그렇게 새끼오리는 무리를 떠나 쓸쓸히 여기저기를 떠돌았다. 그러던 어느 날 강물 속에 비친 자신의 모습을 보고 깜짝 놀랐다. 그곳에 우아한 백조 한 마리가 있었기 때문이다. 그 순간 새끼오리는 자신이 오리가 아니라 백조였음을 깨달았다. 회색 털은 어느새 밝은 흰색으로 바뀌어 있었다. 그동안 자신을 탓해왔던 오리, 아니 백조는 더 이상 자신을 탓할 필요가 없었음을 깨달았다.

영화 〈E.T〉, 〈도플갱어〉, 〈배트맨 포에버〉, 〈미녀 삼총사〉, 〈그 여자 작사 그 남자 작곡〉에 등장한 할리우드 유명 여배우, 드루 배리모어는 이런 말을 했다.

"당신의 가장 큰 약점이
가장 큰 강점이 될 수 있다."

여러분 중에도 자신의 어떤 점을 탓하고 있는 누군가가 있을지 모르겠다. 여러분 주위에 어떤 점 때문에 자신을 원망하고 있는 누군가가 있을지 모르겠다. 그런 사람들에게 이런 말을 해주고 싶다. 지금 당신이 탓하고 있는 당신의 어떤 모습은 언젠가 당신을 더 밝고 아름답게 만들어줄 숨겨진 모습일 수 있다고 말이다. 지금은 회색으로 보이는 그 모습이 언젠가는 당신을 가장 빛나고 아름답게 만들어줄 흰색으로 바뀔 수도 있음을 말이다. 그러니 자신을 탓하는 행위는 조금만 미루도록 하자. 미루는 행위가 좋은 경우는 거의 없지만 이건 미뤄도 된다. 자신을 탓하는 행위는 미룰 수 있을 때까지 미루자. 나중에 알고 보니 자신을 탓할 일이 아니었다면 억울할 테니 말이다.

죽고 싶었던 마음을 이겨내면
생기는 일

3년 전 어느 날, A씨는 집 주변에 있는 복도식 아파트를 찾아
갔다. 복도식 아파트는 마음만 먹으면 바깥으로 뛰어내릴 수
있는 구조다. 그는 22층으로 올라가 1시간가량 망설였다. 그
리고 투신을 하기로 마음을 먹고 복도 난간에 걸터앉았다.
몸을 앞으로 숙여 떨어졌다. 몸이 떨어지기 시작했다. 그 순
간, 그는 어떤 생각에서 몸을 휙 돌려서 바로 아래층 난간을
가까스로 붙잡았다. 난간을 기어올라 다시 복도로 넘어왔을
때 그의 눈에서는 눈물이 흐르고 있었다. 사정없이 하염없이
눈물이 흘러내리고 그는 결국 펑펑 울었다. 그는 그렇게 살

아남았다.

　떨어지던 그 순간, 어떤 생각이 그의 몸을 돌리게 했는지 물어봤다. 그가 대답했다.

　"반반의 마음이었던 것 같아요. 하나는 이대로 떨어져도 죽지 않을 수 있겠다는 생각이었습니다. 그대로 떨어지면 머리부터 떨어지지 않을 것 같았거든요. 죽지 못하고 다쳐서 고통만 받을 것 같았습니다. 또 하나의 마음은… 그냥… 살고 싶다는 본능이었던 것 같아요."

　그 말을 듣고 마음 한구석에 구멍이 뻥 뚫린 것 같았다. 그의 마음이 느껴졌기 때문이다. 죽고 싶다는 마음과 살고 싶다는 마음이 한 사람의 마음속에서, 한 사람의 머릿속에서 한꺼번에 휘몰아쳤던 것이 느껴졌기 때문이다. 그 순간 얼마나 죽고 싶고, 얼마나 살고 싶었을까? 그동안 그에게 어떤 일이 있었던 것일까?

A씨는 고등학생 시절부터 도박중독이었다. 많은 돈을 땄지만 많은 돈을 잃었다. 그는 많은 돈을 잃은 상실감, 홀로 남겨졌다는 외로움, 누군가에게도 도움을 받을 수 없다는 생각 때문에 자살을 결심했다. 그렇게 그는 죽음의 문턱에서 가까스로 살아 돌아왔고, 지금은 도박중독 상담을 받으며 새로운 삶을 준비하고 있다. 나는 상담실을 찾아온 그에게 단순한 공감과 위로 이상의 것을 주고 싶었다. 그가 새로운 마음으로 새로운 인생을 준비하는 데 필요한 용기를 주고 싶었다.

미국 노스 캘리포니아대학교 심리학과 교수였던 리차드 테데스키 박사는 '트라우마 이후의 성장'이라는 주제를 가지고 연구를 진행했다. 극심한 어려움과 고통을 겪은 사람들이 그 이후 긍정적 변화와 성장을 경험하는 현상에 관한 것이었다.[7] 자살시도를 했던 사람들이 어려움과 고통을 극복하고, 그를 통해 성장하는 과정에 대해 다양한 측면으로 조사했는데, 그 내용 중에 몇 가지를 A씨에게 소개해주었다. 죽음의 문턱에서 살아남은 사람들은 어떤 변화를 느꼈을까?

첫 번째, 삶에 대한 새로운 의미를 찾을 수 있었다. 자살 시도 생존자들은 극심한 어려움과 고통을 경험한 후에 이전에 주목하지 못했던 중요한 삶의 가치나 목표를 발견했고, 그것이 긍정적 변화를 추구하는 계기가 됐다. 쉽게 말하면 삶을 바라보는 시각이 바뀌게 된 것이다.

A씨는 자살시도 이후 21층에서 엘리베이터를 타고 내려오는 동안 참 많이 울었다고 했다. 어떤 생각과 감정이었을까? 상상하기 힘들지만 아마도 그 시간이 그에게는 새로 태어나는 것 같은 기분이었을 것이다. 새로운 삶을 얻은 만큼 삶에 대해 새로운 의미를 부여하고 새로운 관점을 갖게 되었을 것이다.

두 번째, 자신의 괴로움을 털어놓는 용기를 지니게 되었다. A씨는 자신의 괴로운 심정과 상황을 다른 사람에게 쉽게 털어놓지 못했다. 혼자서만 힘들어하다가 결국 해서는 안 될 선택까지 한 것이다. 사람이 자살을 결심하게 되는 결정적 이유 중 하나가 바로 혼자라는 쓸쓸함, 외로움, 고립감 때문이다. 자신의 마음과 상황을 아무도 이해해주지 않는다는 생각, 도움을 받지 못할 것이라는 믿음 때문이다.

그런데 그렇지 않다. 도움을 요청하면 도움을 줄 사람은 얼마든지 있다. 당신의 친구, 가족, 동료, 지나가는 사람 등 그 누구라도 당신의 힘든 마음을 알면 도와주려 할 것이다. 타인의 죽고 싶은 마음을 쉽게 지나칠 사람은 없다. A씨도 이러한 점을 깨닫게 되었다. 이후 주위 사람에게 마음을 털어놓고 도움을 요청하는 것을 당연히 여기게 되었다.

세 번째, 목표를 설정하고 노력하는 강한 동기를 가지게 된다. 자살시도 생존자들은 죽고 싶었던 순간, 죽고 싶었던 시간을 견디어낸 만큼, 더 높은 수준의 목표와 달성 의지를 가지게 되는 경향이 있었다. 죽으려고 했던 마음이 이제는 살려고 하는 마음으로 바뀌었기 때문이다. '죽기 살기로 덤벼든다'는 말도 있지 않은가? 한때는 죽으려고 했던 마음이지만 그 마음을 살고자 하는 방향으로 바꾼다면, 그만큼 더 열정적인 삶을 살아갈 수 있지 않을까, 하는 생각이 든다.

시아의 시인, 철학가로 잘 알려진 루미는 다음과 같은 말을 했다고 전해진다.

"상처는 빛이 당신에게 들어오는 곳이다."

누구나 살아가며 죽고 싶을 만큼 힘들 때가 있다. 누구나 죽고 싶다는 생각, 죽겠다는 결심을 할 수도 있다. 그 생각과 결심을 실제로 행동으로 옮겼거나 그 직전까지 갔을 수도 있다. 당신이 지금 그럴 수도 있고, 앞으로 그런 순간이 찾아올 수도 있다. 그런 순간들을 이겨내고 그런 순간이 당신에게 빛이 들어오는 곳이 되었으면 좋겠다. 죽을 만큼 힘든 순간이 있었다면, 다시 한번 용기를 내봤으면 좋겠다. 혼자라는 생각이 들 수 있겠지만 절대 혼자가 아니다. 도와달라고 소리치면 손을 내밀어줄 사람은 얼마든지 있다. 당신은 당신에게 주어진 삶을 살아낼 만큼 강하기 때문에 지금껏 살아온 것이라는 점을 기억했으면 좋겠다.

죽고 싶었던 순간의 마음은 살고 싶은 마음으로 바꿀 수 있다. 그만큼 강력하고 활활 타오르는 삶에 대한 의지로 만들 수 있다. 지금, 이 순간 죽고 싶을 만큼 힘들다면 지금이 바로 누구에게라도 도움을 청해야 할 때다.

What is important is to keep what is important in mind.

Ⅱ.

감정을 이해하면
방향을 바꿀 수 있다

내가 느끼는 감정의
주인이 되는 법

심리상담을 진행했던 20대 초반의 대학생 C씨가 있었다. 어느 날, C씨가 내게 이런 질문을 던졌다.

"사람들과 친해졌다고 판단할 수 있는 기준이 뭔가요?"

나는 처음에 이 질문을 듣고 놀랐다. 아니 이런 질문을 한다는 사실이 놀라웠다. 나로서는 당연히 물어볼 필요가 없는 질문이었다. 세상에 그런 기준이 어디 있단 말인가? 놀란 티를 내지 않으며 물어봤다.

"그런 기준에 대해서 궁금해하는 이유가 있을까요?"

"제가 누구랑 친해본 적이 없어서요… 어떤 상태가 되어야 친해졌다고 판단할 수 있는 것인지 궁금해요."

그랬다. 그는 지금껏 살아오면서 누군가와 친해진 경험 자체가 없었다. 누구와 친하게 지내본 경험 자체가 없으니 친해졌다는 느낌이 뭔지, 그 기준이 뭔지 궁금했을 것이다. 사랑에 빠져본 적이 없는 사람이 사랑한다는 기준이 무엇인지 궁금해하는 것처럼 그는 친해졌다는 기준이 무엇인지 궁금해했다.

누구나 이처럼 자신의 감정을 정확히 파악하고 싶을 때가 있다. 내가 그 사람과 친하다고 할 수 있는 것인지, 나는 친하다고 느끼는데 상대방은 어떻게 생각하는지, 내가 그 사람을 사랑하고 있는 것인지, 사랑하고 있다면 얼마나 사랑하고 있는 것인지. 반대로 내가 그 사람을 미워하는 것인지, 미워한다면 얼마나 미워하고 있는 것인지 알고 싶어한다. 내 감정의 정체와 정도를 알고 싶어질 때가 있는 것이다.

그런데 어떨까? 친해졌다는 것의 절대적 기준이 있을까?

없다.

친해졌다는 느낌은 말 그대로 느낌이고 하나의 감정이다. 어떤 감정이다 아니다를 객관적으로 판단할 수 있는 절대적 기준은 없다. '맛있다, 사랑한다, 좋아한다, 증오한다, 행복하다, 슬프다, 혐오한다'에 있어서 절대적 기준은 없다. 내가 그렇게 느끼면 그런 것이다. 이런 면에서 감정은 평등하다. 돈이나 재산처럼 명확한 수치로 표현되는 것이 아니기 때문이다. 내가 행복하고, 맛있고, 즐거우면 그만이다. 내가 느끼면 그만이다.

이런 감정의 절대적 기준은 없지만 상대적 기준은 있을 수 있다. 예를 들어, 엄마가 해주신 반찬이 오늘따라 더 맛있게 느껴질 수 있고, 아침에 눈을 떴을 때 어제보다 오늘 더 행복감을 느낄 수 있다. 부장님이 지난주보다 이번 주가 더 꼴보기 싫을 수 있으며, 연인의 작은 실수가 오늘은 용납하기 어려울 수 있다. 그래서 나는 C씨에게 이렇게 이야기했다.

"감정에 절대적인 기준은 없다고 생각합니다. 자신이 느끼는 것이 중요하지요. 자신이 느끼기에 예전보다 누군가에게 느꼈던 불편감이 조금이라도 덜해졌다면 어떨까요? 여전히 불편은 하겠지만 그래도 불편함이 덜할 수 있을 것입니다. 이처럼 자신이 느끼는 감정이 중요합니다. 감정의 주인은 결국 나입니다. 감정의 주인인 내가 느끼는 감정과 마음이 중요하지, 남들이 바라보고 판단하는 기준은 중요하지 않습니다. 누군가와 친해지려는 노력을 해보고 전에 비해서 내가 느끼기에 더 친해진 것 같다면 그것으로 된 것이죠. 내 마음이 전보다 편해졌다면 그것으로 된 것입니다."

내 말에 그는 고개를 끄덕였다. 내가 하는 말을 이해한다는 생각이 들었다. 다행이었다.

미국 미시간주립대학교 심리학과 교수 리차드 루카스는 웰빙(Well-being) 수준을 측정하는 방법에 대한 연구를 진행했다. 여기서 말하는 웰빙 수준이란 우리가 주관적으로 느끼는 삶의 질, 만족도, 행복 등의 수준을 나타내는데, 연구를 통해 "현재의 감정이 과거보다 더 좋아졌다고 느낄 때 웰빙 수준이 좋아졌다고 느끼는 경향이 있다"는 점을 밝혀냈다.[8]

즉, 과거와 현재의 감정을 비교하여 현재의 감정이 더 좋아진다고 느낄 때 사람들은 더 높은 만족도를 경험할 수 있다는 것을 의미한다.

여러분은 요즘 어떠한가? 나만 빼놓고 다른 사람들은 모두 행복해 보이는가? 자신이 속해 있는 무리 속에서 자신이 가장 아싸(아웃싸이더)인 것 같은가? 얄미운 직장동료는 오늘도 얄미워 보이는가? 그럼 뭐 어떤가? 나 자신이 느끼는 행복감이 어제보다 조금이라도 더 커진 것 같다면 그만큼 더 행복해질 수 있는 것이다. 내가 느끼기에 무리 속에서 예전보다 좀 더 적응을 잘하고 있는 것 같으면 그만큼 나는 스스로 인싸(인싸이더)가 된 것이다. 얄미운 동료는 오늘도 여전히 얄밉지만 그래도 예전보다는 좀 덜 미워 보인다면 그만큼 내 마음이 편안해진 것이다.

　　내 감정이 좀 더 편안해지고, 내 마음이 좀 더 부드러워졌다면 그것이 성공한 감정이고, 성공한 마음이다. 그렇게 내 감정과 내 마음은 과거의 것과 비교하자. 그리고 어제보다는 오늘, 오늘보다는 내일 더 좋은 감정과 마음을 갖는 것을 목표로 하자. 물론 매일매일 더 좋은 감정을 느끼긴 어렵겠지만 그러한 태도로 하루하루를 살아보는 것이다. 그렇게 하는 것이 내 감정과 마음의 진정한 소유자가 되는 방법이다.

　　알베르 카뮈, 장 폴 사르트르, 마틴 하이데거는 실존주의 (Existentialism)를 대표하는 철학자들이다. 그들은 개인의 자유와 선택의 책임을 강조하며, 각 개인은 자신의 존재를 만들어가는 주체임을 강조한다. 이 관점에서 개인은 자신의 감정에 충실하고, 타인의 평가나 외부의 기준에 사로잡히지 않는 자유로운 존재로서 자아를 형성해야 한다고 주장한다.

　　내 감정과 마음을 타인이나 세상의 기준으로 측정하려 말

자. 자신의 느낌과 마음을 믿자. 세상과 사람들이 내 감정과 마음을 멋대로 평가하도록 내버려두지 말자. 내가 내 마음의 주인이 되자. 다른 사람들의 눈에 행복해 보이는 사람이 되지 말고, 나 스스로 행복을 느낄 수 있는 사람이 되자. 친하다는 느낌을 다른 사람의 판단에 의존하지 말고 내가 직접 느껴보자. 어제보다 더 행복해졌다고 느끼고, 과거보다 더 친해졌다고 느끼면 그것으로 된 것이다.

그가 자신의 옆에
아무도 앉지 못하게 한 이유

누군가의 행동이 이해되지 않을 때가 있다. 가족에 대해 이
야기하는 것을 몹시 꺼린다든지, 누군가 옆에 앉는 것을 극도
로 싫어한다든지, 맨발을 보여주는 것을 극도로 피한다든지
와 같은 행동이다. 그럴 때는 우리가 생각하지도 못한 어떤
콤플렉스가 그에게 작용하고 있는 것일 수 있다. 콤플렉스
때문에 남들은 쉽게 이해하지 못하는 행동을 지속하고 있을
수 있는 것이다.

H씨는 30대 후반 직장인 남성이다. 어느 날 심리상담 중

에 그의 심리검사 결과를 함께 보며 이야기를 나누기 위해 나
는 그의 옆으로 자리를 옮겼다. 그리고 그에게 설명을 이어
가는데, 그가 이렇게 말했다.

"죄송하지만 옆이 아니고 마주 보고 앉아서 얘기를 나누
면 안 될까요?"

나는 당황했지만 최대한 티를 내지 않으려고 하며 마주
앉아 상담을 이어갔다. 그런데 나를 옆에 앉지 못하게 한 이
유가 계속 궁금했다. 그래서 그날의 상담이 끝날 무렵 물어
봤다.

"근데 혹시 옆에 누가 앉는 것이 불편하신가요?"

알고 보니 그는 어린 시절부터 옆에 누군가가 앉는 것을
꺼렸다. 그가 심한 수준의 다한증을 앓고 있었기 때문이다.
특히 손에 땀이 워낙 많이 나서 허벅지에 수시로 닦다 보면
바지가 헐게 될 정도이고, 학교에서 시험을 볼 때 손에서 땀

이 흘러내려 시험지 종이가 찢어진 적도 있었다.

연인을 사귈 때도 손에서 나는 땀 때문에 점점 자신감이 없어졌다. 심리적 위축감을 느껴서 제대로 된 인간관계를 맺는 데 어려움이 생겼다. 자신의 그런 모습을 타인에게 보여주기 싫어 어린 시절부터 옆에 누군가 앉는 것을 꺼렸다. 집에서도 마찬가지였다. 거실에서 온 가족이 모여 TV를 볼 때도 부모님이 소파에 앉아 계시면 그 옆에 앉지 않고 바닥에 앉거나 누웠다. 그가 그의 옆을 누군가에게 허락할 수 없었던 이유다.

옆에 누군가 앉기를 꺼리는 그의 행동 이면에는 자신의 콤플렉스를 보여주고 싶지 않았던 정서가 작용했다. 이처럼 누군가의 이해할 수 없는 행동에는 남에게 보여주고 싶지 않은 자신의 콤플렉스가 원인인 경우가 있다.

콤플렉스(Complex)는 세계 3대 심리학자 알프레드 아들러가 사용한 심리학 용어로, 개인의 성격과 행동을 이해하는 데 중요한 개념이다. 그는 콤플렉스를 개인이 형성한 패턴이나 심리적인 구조라고 정의했는데, 그것이 행동으로 이어져 일상생활뿐만 아니라 인간관계에도 큰 영향을 끼친다. 그중에서도 열등감 콤플렉스(Inferiority Complex)가 있는 사람은 자신에게 부정적 이미지를 가질 가능성이 크다.

'나는 키가 작다. 그래서 나는 사람들에게 무시받을 것이다.'

'나는 땀이 많이 난다. 그래서 나는 사람들에게 호감을 주지 못할 것이다.'

'나는 발가락이 짝짝이다. 사람들이 이런 사실을 알게 되면 나를 무서워하거나 징그럽게 여길 것이다.'

자신의 콤플렉스로 인해 자기 자신에 대해 부정적 평가를 할 수 있다. 이런 부정적 자기 관념은 대인관계, 사회생활에 있어 불안감을 증폭시킬 수 있다. 그러한 불안감은 사회적 상황을 최대한 피하고 자신을 스스로 고립시킬 수 있다.

미국 듀크대학교 심리학과 교수 마크 리어리가 진행한 연구에 따르면, 부정적 자기 관념을 가진 사람들은 자신을 부정적으로 인식하기 때문에 사회적 상황에서 더 큰 수준의 불안을 느끼며, 이로 인해 사회적 고립과 관련된 어려움을 겪을 가능성이 높아진다고 한다.[9]

부정적 자기 관념은 스스로를 사람들로부터 멀어지게 만든다. 관계에서 심리적 거리를 만든다. 보이지 않는 벽을 만든다. 나 역시 그랬다. 나는 태어날 때부터 왼쪽 발가락이 기형이다. 가운데 발가락 2개가 비정상적으로 확연히 크다. 쉽게 눈에 띌 정도라서 어릴 때는 왼쪽 발이 너무 싫었다. 어머니가 원망스럽기도 했다. 이런 열등감 콤플렉스로 인해 양말을 벗어야 할 상황 자체를 피했다. 친구들이 물놀이를 가자고 할 때도, 목욕탕에 가자고 할 때도, 친구 집에 놀러 갈 때도 괴상한 나의 왼쪽 발가락 때문에 거절해야만 했다.

누구나 자기만의 열등감 콤플렉스가 있을 수 있다. 그 종류가 다를 뿐, 그것을 받아들이는 방법이 다를 뿐 누구나 있다. 이러한 콤플렉스를 어떻게 다루면 좋을까? 가장 좋은 방법은 그 열등감에 대한 걱정이 현실로 나타난 적이 얼마나 있는지 따져보는 것이다. 따져보면 걱정했던 상황이 현실로 된 적은 거의 없다는 것을 알 수 있다.

나는 나의 왼쪽 발을 사람들이 보면 많이 놀라거나 징그럽게 생각할 거란 믿음이 있었다. 그런데 좀 더 생각해보면 사람들이 나의 짝짝이 발가락을 보고 징그러워하거나 놀렸던 기억은 단 한 번도 없었던 것 같다. 그것은 그냥 나의 걱정이었다. 나의 상상이었다. 나는 그런 상상에 몰입하여 그런 상황 자체를 피해왔던 것이다. 나의 짝짝이 발가락 자체는 문제가 아니었다. 나의 짝짝이 발가락을 문제라고 바라봤던 나의 시각이 문제였다. 이렇듯 문제는 그것을 문제로 바라보는 태도와 시각이 문제일 수 있다. 다른 시각을 갖는 것이 중요한 이유다.

앞에 언급한 H씨의 사례도 마찬가지다. 상담을 하며 그에게 질문을 한 결과, 그가 땀이 많이 난다는 이유로 사람들이 그를 피했던 적은 없었다고 한다. 그 역시 단지 자신의 불안과 걱정이 만들어낸 상상이었다.

'누구나 이 정도 콤플렉스는 가질 수 있지. 그건 나도 마찬가지고.'

이렇게 생각하며 자신의 콤플렉스를 콤플렉스로 보려 하지 않는 의연함이 필요한 이유이다.

당신이 생각하는 콤플렉스는 무엇인가? 당신은 그동안 그 콤플렉스에 너무 집중하고 연연해하지 않았는가? 이제 누구나 콤플렉스가 있을 수 있다는 것을 알고 자신의 콤플렉스를 다르게 바라보는 태도를 가져보자. 그럼 지금껏 누려보지 못했던 새로운 기분과 가능성을 경험해볼지도 모른다.

"우리의 문제는 콤플렉스를 가진 것이 아니라
그것들을 인정하고 이해하지 못하는 것이다."

칼 융은 콤플렉스에 대해 이와 같은 생각을 가지고 있었다. 그는 우리가 가진 콤플렉스 자체가 문제가 아니라 그것을 받아들이고 이해하지 못하는 것이 진정한 문제라 강조한다. 누구나 자신만의 콤플렉스가 있음을 인정하고, 이해함으로써 너무 얽매이지 않는 태도가 필요하다. '불가능, 그것은 아무것도 아니다'라는 말이 있다. 나는 그 말을 이렇게 바꿔서 가끔 속으로 되뇐다.

'콤플렉스, 그것은 아무것도 아니다.'

떠올리기 싫은 생각과 감정에
과감히 맞서보자

P씨는 최근 힘든 일을 겪었다. 몹시 기대하고 있는 일이 있었는데 자신의 기대에 못 미치는 결과가 나왔기 때문이다. 그녀와 상담을 하던 중 그녀가 내게 물어왔다.

"생각하고 싶지 않은 일을 생각하지 않는 방법은 없나요?"

내가 대답했다.

"그런 방법은 없습니다."

살면서 누구나 떠올리기 싫은 생각이 있을 수 있다. 사랑했던 연인과 헤어졌을 때, 기대했던 시험에 떨어졌을 때, 승진에 실패했을 때, 누군가로부터 상처 되는 말을 들었을 때, 억울하고 화가 나는 일을 당했을 때, 누구나 그 기억들을 잊고 싶어한다.

하지만 생각을 떠올리지 않는 것은 매우 힘든 일이다. 그런 노력을 하는 것이 오히려 그 생각을 부추긴 경험이 누구나 있을 것이다. 그 이유를 '역설적 반동(Ironic Rebound)'라는 개념으로 설명할 수 있다. 역설적 반동이란 의도적으로 어떤 생각을 억제하려고 할 때 그 생각이 더 자주, 더 선명히 떠오르는 현상을 말한다. 이러한 현상은 우리의 인지적 제어 과정과 관련이 있다. 인지적 제어는 의도적으로 생각, 감정, 충동을 조절하고 억제하는 능력을 말하는데 이러한 인지적 제어는 한계가 있을 수 있기 때문이다.

미국 하버드대학교 심리학과 다니엘 웨그너 교수는 '생각 억누르기의 역설적 효과'란 주제로 연구를 진행했다. 이 연구에서 한 가지 실험을 했는데, 참여자들이 특정한 생각을 억누르려고 노력한 후 그 생각이 얼마나 자주 떠오르는지를 측정해보자, 생각을 억누르는 시도가 생각이 떠오르는 빈도를 오히려 증가시켰다는 결과가 나왔다. [10]

예를 들어, '무서운 생각을 하지 말아야지' 하면 무서운 생각이 더 강조되고 자주 떠올랐던 경험이 있을 것이다. 이러한 현상은 떠올리기 싫은 생각에 더 집중하는 경향이 있기 때문에 발생한다. 떠올리기 싫은 생각이 있을 때 억지로 억제하지 않는 것이 중요한 이유다. 떠올리기 싫은 생각을 인정하고 있는 그대로 받아들이는 것이 이러한 생각을 관리하는 데 오히려 도움이 될 수 있다.

미국 네바다대학교 심리학과 스티븐 헤이즈 교수의 수용전념치료(ACT, Acceptance and Commitment Therapy) 이론에서는 떠올리기 싫은 생각이나 감정이 있을 때 이를 피하지 않고 인정하고 받아들이는 태도가 중요하다고 이야기한다. 그렇게 해야 떠올리기 싫은 생각에 직면할 수 있고, 그렇게 직면해야 그 생각과 그곳에서 파생되는 감정을 더 잘 조절할 수 있기 때문이다. 그렇게 하는 것이 결론적으로 감정을 조절하는 능력과 마음의 유연성을 향상시키는 데 도움이 된다.[11]

우리는 일상에서 종종 찾아오는 불편한 감정을 피하려고만 한다. 불편한 감정이나 떠올리기 싫은 감정을 억압하거나 무시하려고 한다. 그러나 이러한 방식은 앞서 살펴본 것처럼 감정과 생각을 더욱 증폭시킬 수 있다. 감정을 직면하고 받아들이는 것은 그 감정을 이해하고 그것과 공존하는 방법을 찾는 첫 번째 단계다.

여러분도 떠올리고 싶지 않은 생각이 있을 때는 이렇게 생각해보자.

'하기 싫은 생각이 또 떠오르네. 어쩔 수 없지. 그냥 내버려두자. 억지로 지워내기 위해 애쓰지 말자.'

지금의 감정 상태를 인정하고 직면해야 그 감정을 올바르게 처리할 수 있다. 어떤 생각이 계속 난다면 그건 그 생각이 제대로 처리되지 않아서이다. 제대로 처리되지 않은 감정이 있기 때문이다. 제대로 처리되지 않은 감정을 직면하고 바라보자. 외면하지 말자. 그러면서 시간이 지나면 떠올리기 싫은 기억은 점점 빈도수가 감소할 것이다.

사회과학 연구자 브레네 브라운은 자신의 저서 《취약성의 힘(The Power of Vulnerability)》을 통해 자신의 불편한 감정에 직면하는 것의 중요성을 강조했다. 그녀는 "불편한 감정에 직면하는 것은 우리의 자아를 발견하고 자기 수용하는 과정"이라고 했는데, 그녀의 말처럼 우리는 감정을 무시하고 피하는 대신 자신의 감정에 귀 기울여서 그 감정이 어디서 왔는지, 왜 느껴지는지를 이해하면서 나 자신에 대한 이해로 확장하는 것이다.

한편 융은 '그림자 자아(Shadow Self)'라는 개념을 소개했다. 그림자 자아는 자신의 무의식적인 면 중에서 부정적이고 어두운 성향, 욕망, 불완전한 면을 가리키는 개념이다. 이는 우리가 인식하지 않거나 인정하지 않는 특정 부분을 가리킨다. 이러한 그림자 자아는 과거의 충격적 경험, 감정이 개입된 사건들로 인해 무의식적으로 형성될 수 있다고 한다. 우리는 이러한 부정적인 면들을 의식적으로 거부하거나 무시하는 것이다.

그러나 이러한 부정적인 측면들은 여전히 우리의 무의식에 남아 우리의 행동과 태도에 영향을 미칠 수 있다. 융은 안에 남아 있는 고통스러운 기억, 잊고 싶은 시간, 인정하고 싶지 않은 모습들을 인정해야 한다고 말한다. 우리가 내면의 어둠을 알고 이해할 때 그것들은 우리를 지배하거나 제약하는 것이 아니라 오히려 우리의 인생을 풍요롭게 만들고 성장할 기회를 마련해줄 수 있다.

미국의 목사, 작가, 연설가로서 인생에 힘과 용기를 주는 많은 메시지를 남긴 찰스 스윈돌은 이렇게 말했다.

"인생의 10%는 우리에게 일어나는 일이고,
90%는 우리가 어떻게 대처하는가에 달려 있다."

인생에 어떤 일들이 일어나는가 그 자체보다 일어나는 일들에 우리가 어떻게 대처를 하고, 어떤 생각을 하는지가 더 중요하다는 말이다.

떠올리기 싫은 생각들, 떠올리고 싶지 않은 감정들이 있는가? 과감히 맞서보자. 그런 감정들과 기억들을 피하려고만 한다면 더 오랜 시간 고통받을 수 있다. 차라리 그 감정과 생각들을 인정해보자. 잊으려 할수록 더 생각날 수 있다. 잊고 싶은 생각이 있다면 떠오르도록 내버려둬 보자. 그 생각과 감정을 있는 그대로 받아들여 보자. 그렇게 함으로써 우리는 그런 기억에 좀 더 의연해지고 침착해질 수 있다. 받아들이는 만큼 더 마음이 편안해지고, 마음이 편안해지는 만큼 그 기억에서 더 자유로워질 수 있다.

지금의 문제는 항상 커 보이지만
시간이 지나면 작아진다

중요하게 생각하는 것은 변하기 마련이다. 고3 때는 좋은 대학에 가는 것이 지상 최대의 과제였다. 그것이 내 인생의 전부를 결정짓는 것 같았다. 대학교에 가서 좋아하는 사람을 만났다. 그 사람이 내 인생의 전부인 것처럼 느껴졌다. 그 사람이 내게 하는 말, 행동 하나하나에 내 온 마음이 반응했다. 그녀의 한 동작 한 동작은 내게 가장 중요한 의미였으며, 난 그 의미를 유지하고 발전시키기 위해 모든 노력을 다했다. 군대에 갔을 때는 초코파이 하나를 먹을 수 있느냐 없느냐, 내가 좋아하는 반찬이 나오느냐 안 나오느냐, 내가 원하는 시기에 휴가를 나갈 수 있느냐 없느냐가 지상 최대의 중요한 일이었다.

그때 그 순간 그런 것들보다 더 중요한 것은 없었다. 초코파이가 내 인생에서 그렇게 중요한 비중을 차지할 때가 또 올 것인가? 지금은 어떤가? 지금 내게 가장 중요해 보이는 것은 먹고 사는 문제이다. 인플레이션을 잡는다고 미국 연방준비위원회에서 금리를 사정없이 올려대는 바람에 대출 이자를 감당하기 어려운 상황이다. 갭투자로 사놓은 아파트의 새로운 전세입자를 구하지 못해 할 수 없이 매매로 내놓았다. 지금 내게 가장 중요한 것은 갭투자로 사놓은 아파트를 언제 팔 수 있느냐 하는 것이다. 이것 때문에 밤에 잠을 이루지 못한 날들이 많다.

내가 말하고 싶은 바는, 지금 우리가 중요하게 생각하는 것이 언제든 시간과 상황에 따라 변할 수 있다는 말이다. 지금 내게 너무나도 중요하고, 절실하고, 해결되지 않으면 죽을 것 같은 문제도 시간이 지나고 보면 그리 중요해 보이지 않을 수 있다. 그러므로 지금 너무나 중요해 보이고 밤낮없이 매달리게 되는 문제를 한 걸음 떨어져서 볼 필요가 있다. 뜻하던 결과가 나오지 않아서, 노력한 만큼의 성과가 나오지 않아서 지금 당장은 크게 실망하고 좌절할 수 있다. 그런데 그것도 시간이 지나고 상황이 바뀌면 지금처럼 중요해지지 않는 순간이 온다. 중요한 것이 있는데 그것이 뜻대로 되지 않아도 지금 당장 너무 실망하지 말자는 것이다.

이렇게 생각하면 지금 당장 내 골머리를 썩이는 문제에 대해 좀 더 의연해질 수 있다. 지금 내가 정신없이 달려들고 그것밖에 안 보이는 상황이지만 한 걸음 떨어져서 보면 좀 더 담담하게 대할 수 있다는 의미이다.

피아레랄 나야르는 인도의 정치인, 사회운동가로서 마하트마 간디의 최측근 비서 역할을 수행했던 인물이다. 그는 간디가 살아 있을 당시 《마하트마 간디의 생애와 사상 (Mahatma Gandhi: His Life and Thought)》이라는 제목의 간디 자서전을 집필하였다. 거기에 실려 있는 간디의 말이다.

"중요한 것은 무엇이 중요한지를
마음속에서 떠올려보는 것이다."

어떤 의미일까? 나는 이 말이 중요한 것의 상대성을 강조
하는 것으로 느껴졌다. 즉 어떤 일이 현재 중요하다고 느껴
지더라도, 시간과 상황에 따라 중요도가 변할 수 있다는 것
을 간디가 암시하고 있는 듯하다. 우리가 어떤 일을 중요하
게 생각하거나 강조하는 것은 주관적이고 변할 수 있으며,
다른 시간이나 상황에서는 중요하지 않을 수 있음을 아는 것
이 중요하다. 삶의 단계에서 중요해 보이는 것들은 계속 바
뀐다.

미국 스탠퍼드대학교 심리학과 교수 로라 엘 카스텐슨이
진행한 '시간을 진지하게 여기는 것'이라는 주제의 연구에 따
르면, 사람들이 젊었을 때는 재정적 성공과 물질적인 소유를
중요하게 생각하는 반면에 나이가 들면서 건강과 행복을 더
중요하게 생각하는 것으로 나타났다. 사람들이 중요하게 생
각하는 가치는 시간이 지남에 따라 변화하는 것이다.[12]

여러분도 과거 어느 한 시점에서 당시 너무나 중요한 것들이 있었을 것이다. 학업, 연애, 대인관계, 취업, 건강, 취미 등 어떤 분야에서든 너무도 중요한 것이 있었을 것이다. 각자 삶의 단계에서, 각자 삶의 어느 한 순간에 가장 중요하게 생각하고, 가장 해결하고 싶은 문제가 언제나 있었을 것이다.

그런데 그런 문제가 평생 지속되는 경우는 별로 없지 않은가? 설령 문제가 지속되었다 하더라도 그 문제를 대하는 우리의 마음과 고통은 똑같은 상태로 일정하지는 않았다. 시간이 지나며 그 문제 자체가 옅어지거나 그 문제를 대하는 우리의 마음이 옅어졌다. 과거의 문제는 오늘의 문제에 자리를 내준다. 오늘의 문제는 과거의 문제를 대신한다. 그만큼 중요한 것의 문제와 문제를 대하는 우리의 마음은 변하고 옅어진다.

오해는 하지 않았으면 좋겠다. 당신이 지금 겪고 있는 그 문제가 별문제가 아니라고 말하는 것이 아니다. 당신이 지금 겪고 있는 문제가 너무나 중요해 보여도 시간이 지나고 상황이 바뀌면 달라 보일 수 있다는 의미다. 그러므로 지금 당신이 겪고 있는 그 문제를, 지금 당신이 무척 중요하다고 생각하고 있는 그 문제가 평생 지속될 것처럼, 고통은 받지 않았으면 좋겠다는 의미다.

지금 당신이 겪고 있는 그 문제를 조금은 떨어져서, 조금은 의연하게 바라보면 좋겠다. 문제를 좀 더 의연하게 바라볼수록 문제를 좀 더 현실적이고 합리적으로 해결할 수 있을 것이다.

잊지 말자. 지금 당신이 겪고 있는 그 문제는 당신의 인생을 결정지을 만큼 중요해 보이지만 실제로는 그렇지 않을 가능성이 크다. 당신이 겪어왔던 수많은 문제를 생각해보면 알 것이다. 당신이 살아온 삶의 각 단계에서 중요하게 생각했던 그 많은 문제와 선택들이 당신의 인생을 쥐락펴락할 만큼 막대한 영향을 미쳤던가? 그런 것도 있을 것이고, 아닌 것도 있을 것이다.

그러니 너무 걱정하지 말자. 당신이 지금 겪고 있는 문제 때문에 잠도 못 자고, 인생이 달라질 것 같고, 감당하기 어려운 일이 닥칠 것 같아도 그렇지 않다. '지금은 이 문제가 정말 중요하고 이 문제가 내 인생을 결정할 것' 같은 생각이 들 땐 이런 생각을 해보자.

'지금 이 문제가 중요하긴 하지만 시간이 지나면 옅어질 것이다. 그러니 너무 매달리거나 고통받지는 말자.'

이런 마음가짐이 지금의 문제를 다루는 가장 현실적이고 의연한 방법이 될 것이라 믿는다. 지금의 문제는 항상 커 보이지만 시간이 지나면 작아진다는 말을 잊지 않았으면 한다.

마음의 불청객으로부터
나를 지키는 법

누구나 우울한 때가 있다. 누구나 우울한 순간이 있다. 실직해서, 소득이 줄어서, 사업이 잘 안 돼서, 지인과 말다툼을 해서, 부부싸움을 해서, 직장동료와 마음이 안 맞아서, 이별 통보를 받아서, 금전적 손실을 봐서, 건강이 안 좋아져서, 사고 싶었던 물건이 다 팔려서, 원하던 시기에 휴가가 잘려서, 사랑하던 반려동물이 무지개다리를 건너서 등 그 이유는 수천수만 가지에 달할 수 있다. 그만큼 우리는 우울과 가까운 존재이다. 언제든 우울해질 수 있는 존재이다. 따지고 보면 우울하지 않았던 적이 없었던 만큼 말이다.

2020년 세계보건기구(WHO) 보고서에 따르면, 전 세계적으로 약 2억 64만 명의 사람들이 우울증을 겪고 있으며, 이는 세계 인구의 약 2.7%에 해당하는 수치라고 한다.[13] 미국 국립정신건강연구소(National Institute of Mental Health, NIMH) 통계자료에 따르면, 미국의 18세 이상의 성인 중 약 2,800만 명이 최소한 한 번은 우울증 증상을 경험한 적이 있다고 응답했다. 이는 미국 성인 인구의 약 11.2%에 해당하는 규모다.

한국의 상황도 크게 다르지 않다. 보건복지부가 발간한 2021년 정신건강실태조사 결과에 따르면 우울장애 평생 유병률이 7.7%였다. 평생 한 번이라도 우울장애를 겪는 사람들이 100명당 약 8명인 셈이다. 성별로는 여성의 평생 유병률이 9.8로 5.7%인 남성보다 높았다. 이렇듯 우울감은 우리 가까이에 있다. 그런데 우리는 막상 자신이 우울할 때 자신이 우울한 상태에 있다는 점 자체를 잘 인정하지 않으려 하는 듯하다.

30대 중반의 B씨는 최근 밥맛도 없고, 흥미 있는 일도 없으며, 잠도 잘 못 자는 상태라 했다. 여러 가지 정황으로 보아 우울증 상태가 의심되었다.

"요즘 많이 우울한 상태에 계신 것 같습니다."

"아, 그런가요?"

"네, 그래 보입니다. 혹시 최근에 그럴 만한 일을 겪으셨나요?"

"글쎄… 특별히 생각나는 일은 없는데요. 딱히 제가 우울한 상태에 있다고 생각해본 적도 없어요."

그녀는 자신이 우울한 상태에 있다는 것을 부정하고 있는 듯했다. 어떤 이유인지는 모르겠지만 그 자체를 잘 인정하지 않으려 했다. 그런 내담자와 상담을 진행할 때는 많은 어려움이 있다. 내담자 스스로가 문제의 원인을 찾는 데 있어 자신을 상태를 배제하고 다른 곳에서만 원인을 찾으려 하기 때문이다.

우리의 일상에서도 종종 만날 수 있다. 무슨 일이 있는 것 같아 보여서 "너 괜찮아?"라고 물어보면, "나 괜찮은데, 왜?"라고 되묻는 사람이 있다. 겉으로는 누가 봐도 힘들어 보이고, 우울해 보이는데 말이다. 왜 어떤 이들은 자신이 우울하다는 상태를 인정하지 않으려 할까? 왜 우울한 기분을 받아들이지 않으려 하는 때가 있는 것일까? 몇 가지 가능성에 대해 생각해볼 수 있다.

첫 번째, 불편한 감정을 처리하는 것이 익숙지 않거나 그에 대해 거부감을 느끼는 상태일 수 있다. 우울함이나 슬픔은 하나의 불편한 감정이다. 불편한 감정이니만큼 이러한 감정을 경험하고 싶지 않을 수 있다. 대신 이러한 감정을 회피하고자 하거나 다른 방식으로 처리하려고 할 수 있다. 예를 들어, 일부러 신나는 척을 하거나 우울한 기분을 숨기려 더 웃고 활발한 모습을 보이는 행동이다.

두 번째, 자존감이 지나치게 높은 상태일 수 있다. 어떤 사람들은 자신을 강하고 완벽한 존재로 인식하고 싶어 한다.

그런 사람들에게 우울함을 인정한다는 것은 자신이 약하고 완벽하지 않다는 점을 인정하는 것과 동일하게 느껴질 수 있다. 생각해보면 나도 이러한 경향이 있는 듯하다. 타인에 눈에 비춰지는 나의 이미지는 항상 밝고, 외향적이고, 쾌활하고, 활동적이고, 개방적인 사람이다. 무엇 때문인지는 몰라도 나는 타인에게 이런 이미지여야 할 것만 같다. 이런 모습만 보여줘야 할 것 같다. 내가 생각하는 나의 이미지는 이런 모습인데 우울하고, 쓸쓸하고, 슬픈 모습은 맞지 않는다. 그러므로 실제로는 슬퍼도 이런 마음과 모습을 숨기는 것이다. 나 자신에게도 숨기는 것이다. 한마디로 겉과 속이 다른 상태에 있는 것이다.

이러한 이유로 인해 자신의 우울감을 부정하거나 인식하지 못하고 있을 수 있다. 하지만 이런 마음가짐과 태도는 우울감 개선에 도움이 되지 않는다.

동기부여 연구자이자 작가인 브렌 브라운은 그의 저서 《위대하게 도전하기(Daring Greatly)》에서 다음과 같이 말했다.

"우리는 우울함을 인정하고
받아들일 용기를 가져야 한다.
우울함은 치유의 첫걸음이다."

우울감이 왔을 때 이에 대처할 수 있는 방법에는 무엇이
있을까? 우선, 자신이 현재 우울한 상태에 있다는 점을 인정
해야 한다.

미국 듀크대학교의 심리학 및 뇌과학 학과 연구원, 시안링
캉과 동료 연구원들은 우울한 감정을 받아들이는 사람과 우
울한 감정을 부정하거나 억제하는 사람 간의 정서 조절 능력
차이에 대해 조사하였다. 그 결과, 우울한 감정을 받아들이는
사람들은 긍정적 정서 조절 능력이 향상되고 우울증 증상의
감소가 관찰되었으며 전반적인 삶의 질이 향상되었다.[14]

이 내용에 따르면 일단 우울한 감정을 받아들이는 것이
우울감을 감소시키고 증상을 치료하는 데 더 도움이 될 수 있
음을 알 수 있다. 병을 치료하는 것도 마찬가지고, 성적을 올

리는 것도 마찬가지다. 현 상태를 정확히 진단하고, 현 상태를 인정할 수 있어야 그에 알맞은 해결책을 만들 수 있지 않겠는가?

두 번째, 우울할 땐 슬픈 음악을 듣자. 여러분은 우울하거나 힘이 들 때 주로 어떤 음악을 듣는가? 기분을 좋게 만들려고 일부러 신나고 밝은 음악을 듣지는 않는가? 만약 그렇다면 그런 행동에 대해 다시 한번 생각해보자. 호주 뉴잉글랜드대학교 심리학과 제인 에드워드 교수가 진행한 연구에 따르면, 우울한 상황에서는 우울한 음악을 듣는 것이 위로와 공감을 느끼는 데 도움이 된다고 한다. [15]

위의 내용을 참고한다면 우울할 땐 차라리 우울하고 슬픈 음악이 듣는 것이 감정을 조절하고 위로와 공감을 얻는 데 도움이 될 수 있다는 것이다. 그런 만큼 우울감에서 자연스레 서서히 벗어날 수 있다. 우울하다고 해서 일부러 신나는 음악을 들을 필요 없다. 슬플 때는 슬픈 음악을 듣자. 위로와 공감이 먼저다. 이것이 감정에 자연스러운 행동이다. 슬픈 기분에 휩싸여 있다고 해서 일부러 사람을 만나고, 신나는 음악을 듣고, 클럽을 찾는 것은 자신의 감정을 제대로 다루지 못하는 행동일 수 있다.

세 번째, 우울한 감정을 자연스럽게 드러내자. 미국 스탠포드대학교 심리학과 제임스 그로스 교수의 연구에 따르면, 감정과 정서를 억제하는 것과 같은 부정적 감정 조절 방식은 정신적인 부담과 스트레스를 증가시킬 위험이 높은 것으로 조사되었다.[16] 또한 미국 예일대학교 심리학과 유타 요르만 교수의 연구에 따르면, 우울 상태에서 적절하지 못한 정서 조절은 우울 증상을 악화시킬 수 있는 것으로 나타났다.[17]

이처럼 우울한 감정을 무조건 억압하고 숨기려 하는 등의 부적절한 대처 방식은 위로와 공감을 얻는 데 도움이 안 되고, 우울감을 악화시킬 가능성이 크다. 우울감을 받아들이고 적절한 방식으로 표현하고 다루는 것이 중요한 이유다.

앞서 강조했듯 우울감은 불시에 찾아올 수 있는 손님과 같다. 내가 원할 때 오는 손님도 있지만 내가 원하지 않을 때 찾아오는 손님도 있는 것처럼 말이다. 우울감은 그런 손님이다. 어느 날 갑자기 문을 열고 들어와 내가 어쩔 수 없이 맞이해야 하는 손님, 그런 존재다.

당황스럽고 불쾌해도 어쩌겠는가? 집에 온 손님을 그렇다고 모른 척할 수는 없지 않은가? 그건 좋은 방법이 아니다. 갑자기 찾아온 불청객이라도 그러한 방문 자체를 인정하고 맞이하고 적절하게 대우해줘서 돌려보내는 것이 우리가 할 일이다. 그렇게 우울감을 보내고 또 맞이하고 그렇게 우울감과 함께 살아가는 연습을 하자. 우울감을 어떻게 하면 느끼지 않을 수 있을까를 고민하지 말고 찾아온 우울감을 어떻게 다루어야 하는지가 더 중요한 이유다.

가치와 의미는
누가 정해주는 것이 아니다

내가 추구하는 삶의 가치와 다른 사람이 중요시하는 가치가 일치하지 않을 때가 있다. 내가 좋아하는 것을 사람 대부분은 별로 좋아하지 않을 수 있으며, 내가 흥미 있어 하는 것을 사람들은 흥미 없어 할 수도 있다. 내가 잘하는 것에 대해 사람들은 큰 관심이 없을 수도 있다. 그럼 우리는 대부분 사람이 좋아하고, 재미있어하고, 관심 있어 하는 것을 쫓아야 할 것인가? 그렇다고 하면 얼마나 그래야 할 것인가?

B씨는 20대 초반의 남성으로, 게임이 취미다. 그가 주

로 하는 게임은 '월드 오브 워 크래프트(World of War Craft)'라는 게임이었다. 그것은 '리그 오브 레전드(LOL, League of Legends)'에 비하면 인기가 엄청난 게임은 아니다. 그 이유 때문에 그는 자신이 좋아하고 잘하는 게임이지만 별로 가치 없는 일이라고 생각하고 있었다.

"다수가 인정하는 가치가 진짜 가치가 아닌가요?"

그가 이런 말을 했을 때 나는 당황해서 아무 말도 하지 못했다. 아니라고 말해주고 싶은데 이를 뒷받침할 근거가 떠오르지 않았다. 그렇게 상담을 마치고 혼자 그 문제에 대해 생각해보았다. 정말 그럴까? 많은 사람이 좋아하고 인정하는 것만 가치가 있는 것일까? 내가 좋아하고 나에게 의미가 있는 것이라도 쓸모없는 것일까?

자기 일치성(Self-Concordance)은 심리학의 중요한 한 개념으로, 자신의 목표와 행동이 자기 자신과 얼마나 조화롭게 일치되어 있는지를 나타낸다. 자기 일치성이 높다는 것은 자신이 진정으로 원하는 목표를 가지고 있으며, 그 목표를 이루기 위한 동기가 내재적이고 진정성이 있다는 것을 뜻한다. 다시 말해, 그 목표를 달성함으로써 개인의 내적 욕구나 가치를 충족시킬 수 있다는 것을 의미한다.

반대로 자기 일치성이 낮다면, 타인의 시선, 사회적 기대 등과 같은 외부적인 영향에 따라 목표를 설정하고 노력하는 경우가 많다. 이렇게 설정된 목표는 자신의 진정한 욕구나 가치와 일치하지 않기 때문에 만족감이나 성취감을 얻기 어려울 수 있다.

영국 리즈 트리니티대학교 심리학과 교수 알렉스 우드는 자기 일치성과 삶의 만족도 및 심리적 안정감 사이의 관계를 연구했다. 연구결과에 따르면, 자기 일치성, 즉 자기 자신과 일치하는 가치와 목표를 가지고 있는 사람들은 그렇지 않은 사람들에 비해 더 높은 삶의 만족도와 안정감을 경험했다. 자기 스스로 진정한 가치를 인식하고 이를 존중하며 살아가는 사람들은 자기 자신과의 조화로운 관계를 형성하고 내적 충족감을 느꼈다. 반면, 다른 사람들의 가치만을 따라가거나 자신의 진정한 가치와 일치하지 않는 사람들은 내면적인 갈등과 불안을 경험하는 경향이 있었다.[18]

자신이 중요하다고 믿는 가치를 스스로 정하고 그것에 맞추어 목표를 정하고 살아가는 사람들은 삶에 대한 만족감과 안정감을 느낄 수 있다. 남들이 중요시하는 가치에 자신을 맞추다 보면 일시적으로는 편안할 수 있다. 하지만 시간이 지나면 그것이 불안의 원인이 된다. 자신의 추구하는 가치가 아닌 것을 점점 체험하기 때문이다. 자신이 중요하다고 생각하는 것과 다른 것을 추구하는 데 당연히 불안하고 찝찝하지 않겠는가?

많은 사람이 인정하는 것만이 진정한 가치가 있는 것일까? 많은 사람이 인정하지 않아도 나 자신이 중요하다고 믿고, 내가 흥미를 느끼고, 보람을 느끼고, 기쁨을 느낄 수 있는 가치가 있다면 그 가치에 맞추어 살아야 하지 않을까?

나 역시 그랬다. 3, 4년 전까지만 해도 많은 사람으로부터 인정을 받고 유명세를 얻는 것이 가치 있는 일이라 생각했다. 내가 스스로 잘한 일이라 생각해도 다른 사람으로부터 인정을 받지 못하면 아무것도 아니라고 생각했다. 내가 즐거워도 다른 사람들의 눈에 내가 즐거워 보여야 했고, 내가 행복해도 다른 사람들의 눈에 행복해 보여야 했다. 타인에게 인정을 받아야 가치가 있고 의미가 있었다. 하지만 지금은 다르다. 그런 것들이 그리 중요하지 않다는 것을 깨달았다. 내가 행복할 수 있으면, 내가 즐거울 수 있으면, 내가 만족할 수 있으면 된다. 내가 중요하게 생각하는 것들을 따라 살아가면 된다.

전에 내가 일하던 회사에 책임자가 새로 온 적이 있다. 그분은 그전 책임자와는 달리 중요 회의에 나를 부르지 않았고, 그때 나는 내가 필요 없는 존재가 됐다고 여겼다. 내가 아무리 중요한 일을 하고 의미 있는 일을 하고 있다고 생각해도 많은 사람을 관리하는 중요한 사람에게서 인정을 받지 못한다고 느꼈다. 지금의 나는 그렇게 생각하지 않는다. 그것과 상관없이 난 지금도 중요한 일을 하고 있는, 중요한 사람이라고 생각한다. 심리적으로 힘든 이들의 마음을 듣고 그들이 혼란스러움과 답답함을 푸는 데 도움을 주고 있다고 믿는다.

그렇게 나의 가치를 나 스스로 찾고 있다. 나 자신과 일치된 목표를 세우고 그 목표 달성을 위해 노력하는 과정에서 뿌듯함, 만족감을 느낀다. 그러면 된 것이다. 나는 여전히 중요한 사람이다. 내가 나를 먼저 인정하자. 그래야 다른 사람들도 나를 인정할 수 있다. 자신을 인정하지 않는 사람을 누가 인정하려 하겠는가?

오스카 와일드는 19세기에 활동했던 아일랜드 출신의 작가이자 시인이다. 그는 《진지함의 중요성(The Importance of Being Earnest)》, 《도리안 그레이의 초상(The Picture of Dorian Gray)》 등과 같은 작품들을 통해 당시 상류 사회의 위선적 도덕을 풍자했다. 그가 한 말 중에 하나를 소개하고 싶다.

"당신 자신이 되어라.
다른 사람들은 이미 그들이 되었다."

의미가 난해하게 느껴질 수도 있는데, 나는 이렇게 해석했다.

"다른 사람이 되려고 하지 말고 당신 자신이 되어라."

다른 사람의 가치관, 외모, 신념, 성격을 따라 하려고 하지말고 당신 자신의, 당신 본연의 모습이 되는 것의 중요성을 강조한 말이다. 이 말에 동의한다면 내가 소중하게 생각하는 가치를 다른 사람이 정해줄 수 없다. 내가 중요하게 생각하는 가치는 내가 정해야 한다.

당신이 진정으로 좋아하고 흥미 있는 일은 무엇인가?
당신이 진정으로 몰두하고 잘하는 일은 무엇인가?

그 일을 찾아 당신의 목표로 세우자. 그리고 그 목표를 이루기 위해 행동하자. 그것이 여러분의 자기 일치성을 높여 행복과 보람에 이르는 방법이다. B씨와 다음 상담에서 다시 만날 때는 이런 얘기들을 꼭 해주고 싶다.

몸과 마음의 속삭임에
귀 기울이자

40대 초반의 L씨는 자신의 속마음을 겉으로 잘 드러내지 않는 성격이다. 마음이 아파도, 몸이 아파도 웬만해서는 밖으로 표현하지 않았다. 그에게 어떤 일이 일어났던 것일까? 그는 어릴 적부터 자신의 감정을 표현하면 안 되는 줄 알고 자라왔다. 자신의 마음이나 상태를 솔직히 표현했을 때 부모님이나 주위 어른들로부터 부정적 반응이 돌아왔기 때문이다. 그가 힘든 일이 있거나 몸이 아플 때 이를 표현하면 보통 이런 반응이었다고 한다.

"너는 참 별것 아닌 것 가지고 힘들어한다."

"꾀병이다. 그만 적당히 해라."

"너는 정신력이 약하다. 좀 맞아야겠다."

이런 반응을 반복적으로 경험했던 그는 정말 자신이 정신력이 약한 사람인 줄 알았다고 한다. '힘들다', '아프다'는 표현을 하면 안 되는 줄 알고 점점 자신의 감정이나 생각을 솔직하게 표현하지 않게 되었다.

미국 노스 캘리포니아대학교 심리학과 로렌스 로젠펠드 교수는 그의 연구논문에서 '자기표현에 대한 회피(Self-Disclosure Avoidance)'라는 개념을 소개했다. 이는 자신의 감정, 생각, 경험, 의견 등을 다른 사람들과 공유하고 표현하는 것을 꺼리는 심리적 현상을 말한다. 그는 이러한 현상이 나타나게 되는 이유 중 하나로 과거에 반복적으로 경험한 부정적 피드백을 꼽았다.

문제는 이러한 특성이 지속이 될 때다. 아파도 아프다고 말하지 않고, 힘들어도 아무렇지 않은 척 숨기면 문제가 악화된다. 몸이 아플 때 제때 치료를 하지 않으면 문제가 더 커지듯, 마음이 아플 때 제대로 표현하지 않고, 제대로 돌보지 않으면 심리적 문제가 커진다. 로젠펠드 교수는 힘들고 괴로운 마음을 숨기기만 하고 자기표현을 억제하기만 한다면 불안, 스트레스, 사회적 고립 등 부정적인 결과를 경험할 수 있다고 경고했다.

아픈 것에 필요 이상으로 반응하고, 꾀병을 부리는 것은 분명 바람직하지 못한 행동이다. 하지만 아픈 것을 숨기고, 문제의 원인을 자신의 탓으로 돌리는 태도는 더욱 바람직하지 못한 행동이다. 자신의 마음과 몸은 자신이 가장 먼저 안다. 몸과 마음이 보내는 신호를 제때 포착하지 않는다면 혹은 그 신호를 무시한다면? 나중에 더 큰 어려움에 직면하게 된다.

여러분도 가장 먼저 몸과 마음을 돌보았으면 좋겠다. 몸과 마음이 보내는 신호를 무시하지 않았으면 좋겠다. 여러분

이 힘이 들면 힘이 든 것이다. 여러분이 아프다고 느끼면 아
픈 것이다. 여러분 중에도 앞에서 언급한 L씨처럼 자신의 느
낌, 감정을 제대로 표현하면 안 되는 환경에서 자라온 사람이
있을 수 있겠다. 아니 어쩌면 지금도 그런 환경에 있는 사람
이 있을지도 모르겠다.

최근 상담을 했던 J씨는 엄청난 슬픔과 좌절감에 빠져 있
었다. 그녀의 아버지가 얼마 전 위암 말기 판정을 받았기 때
문이다. 그녀의 아버지는 60대 후반으로 택시 운전을 오랜
기간 해오셨는데, 약 3개월 전쯤 J씨는 아버지를 보고 깜짝
놀랐다. 몇 개월 새 아버지가 눈에 띄게 마르고 야위어서 얼
른 아버지에게 병원에 가보시라고 권유했다. 아버지 스스로
도 배 쪽에 통증이 있다고 말씀하셨다. 하지만 아버지는 끝
내 병원에 가지 않으셨다. 아버지는 몸에 그런 신호가 왔는
데도 왜 병원에 진작 가보지 않으셨을까?

공포감 때문이다. 자신이 몸에 이상을 느낀 후 병원에 갔
을 때 자신이 걱정하는 큰 병에 정말로 걸린 것이면 어떡하

나, 하는 걱정이 현실로 다가올까봐 무서워하기 때문이다. 의료 회피(Medical Care Avoidance)는 자신의 몸에 이상이 느껴지는 상태임에도 불구하고 의학적 진단에 대한 불안으로 인해 의료 서비스를 이용하는 것을 꺼리는 심리적 현상을 말한다. 누구나 자신의 몸에 이상을 느낄 때 불안하고 두려울 수 있다. 자신의 불안과 두려움이 사실이 될까봐 오히려 병원에 가는 것을 꺼리는 것이다.

또, 과거에 병원에 갔다가 부정적인 경험을 했다면, 이것이 회피의 원인이 될 수 있다. 예를 들어 바쁜 시간을 쪼개고, 비싼 비용을 들여 병원을 찾았는데 별것이 아니었던 경험이 있을 수 있다. 하지만 중요한 것은 자신의 몸과 마음에 대해서는 부족한 것보다 차라리 과한 것이 낫다는 것이다. '별것 아니겠지', '이대로 지나가겠지' 하기보다는 '그래도 혹시 모르니 확인해보자' 하는 생각이 낫다는 의미다.

"당신의 몸이 당신에게 속삭일 때 귀 기울여라,
당신에게 소리치기 전에."

　어디선가 들었던 말인데 정말 와닿는다. 나의 몸과 마음
이 신호를 보내는 초기에 관심을 보이고 그에 걸맞은 조치를
하는 것이 중요함을 강조하는 말이다. 우리의 몸과 마음은
언제나 우리에게 신호를 보낸다. 좋으면 좋은 대로, 나쁘면
나쁜 대로 우리에게 힌트를 준다. 하지만 우리는 바쁘다는
이유로, 괜찮을 것이라는 외면으로, 당장 별일 없다는 생각으
로 그 신호를 보지 못하거나 무시한다. 우리의 몸과 마음은
우리 스스로가 가장 먼저 챙겨야 한다. 우리가 스스로 챙길
수 있을 때 챙기자. 다른 사람에게 이야기를 들을 때는 이미
늦었을지도 모른다.

미루는 습관이
내 삶에 끼치는 영향

주말에 집에 왔다. 주중에는 일 때문에 경기도 포천에서 지
낸다. 주말에 오면 주중에 내가 도와주지 못하는 만큼 집안
일을 많이 하려 한다. 그중 하나가 빨래 개기다. 세탁한 옷들
은 모두 건조기로 들어간다. 건조기가 다 돌아가면 거기서부
터는 수작업이다. 건조된 빨래들을 개야 한다. 그게 정말 힘
들다. 매번 느끼는 것이지만 빨래가 산더미다. 특히 아내는
피부에 민감하기 때문에 빨래를 자주 돌린다. 그만큼 양이
늘어날 수밖에 없다.

그리고 가끔씩 빨래가 없을 때도 건조기 안을 열어봐야 한다. 아내가 건조를 돌려놓고 깜빡하는 경우도 많기 때문이다. 건조기를 열었는데 빨래들을 목격했을 때 심정이란? 답답하다. 이걸 언제 다 개나 싶다. 그래서 가끔 건조대를 열어보기가 겁이 난다. 오늘도 마찬가지였다. 문득 건조기를 열어봐야 한다는 생각이 들었다. 그 안에 옷들이 있으면 잘 개켜서 서랍에 넣어야 한다는 생각이 들었다. 한편으로 정말 저기 안에 옷이 들어 있으면 어쩌지? 라는 생각이 들었다.

　　열어보자니 겁나고 그냥 두자니 찜찜했다. 이 빌어먹을 놈의 책임감. 용기를 내어 건조기를 열었다. 아무것도 없었다. 행복했다. 기분이 좋았다. 내가 일부러 일을 하지 않은 것이 아니라 할 일이 없는 상황이었다. 나의 행위에 정당성을 확보하는 순간이었다. 건조기를 열어보지 않았다면 느꼈을 죄책감을 말끔히 씻을 수 있었다. 이렇듯 상황이 그러해서 내가 하지 않아도 될 때 죄책감을 피할 수 있다.

　　왠지 내가 해야 할 일 같은데 하지 않으면 찜찜하고, 하자니 귀찮고. 이럴 땐 어떻게 하면 좋을까? 그럴 땐 일단 하는 게 낫다. 하지 않고 있으면 계속 찝찝하지 않은가? 그 찝찝함을 안고 가야 하는 것도 힘든 일이다. 일을 미루고 찝찝한 마음으로 있다 보면 불안하고 스트레스를 받을 수 있다. 차라리 귀찮아도 일단은 하는 것이 속 편하다. 막상 시작해보면 생각보다 일이 쉽게 끝날 수도 있다.

마음가짐을 바꾸고 긍정적인 태도로 일을 시작하면 자신에게 좋은 영향을 줄 수 있다. 때때로 우리는 일을 너무 어렵게 생각하는 경향이 있다. 실제로 도전해보면 상황이 다를 수 있는데 말이다. 더불어, 작은 목표를 세우고 단계적으로 진행해 나가면 도움이 된다. 큰일을 한꺼번에 처리하기보다 작은 부분으로 나눠서 진행하면 좀 더 효율적으로 처리할 수 있다. 각각의 성취감을 느끼며, 일의 진척도를 확인하면서 차근차근 해결해 나갈 수 있다.

어떤 일이든 완벽하지 않아도 좋다. 완벽을 추구하는 것보다는 합리적인 수준의 완성도를 목표로 하고, 진행하면서 조금씩 발전시켜 나가는 것이 중요하다. 무리하지 않는 선에서 가능한 만큼 최선을 다한다면, 차차 일이 수월해질 것이다.

캐나다 캘거리대학교 심리학과 교수 피어스 스틸은 미루기(Procrastination) 행동과 정서적 안정감(Well-being) 사이의 관계를 연구하면서, 대학생들을 대상으로 설문조사를 실시했다. 그 결과, 미루기 행동을 자주 하는 학생들은 정서적으로 불안하고 스트레스를 더 많이 느끼는 경향이 있는 것으로 나타났다. 또한 일을 미루고 후회하거나 산만한 생활패턴으로 인해 정서적 안정감 수준이 전반적으로 저하되는 것으로 나타났다.[19]

이처럼 무언가를 미루는 습관이나 태도는 정서적으로 좋을 것이 없다. 어차피 해야 할 일인데 미루면 그로 인한 불안감, 스트레스만 가중될 수 있는 것이다. 그렇지 않은가? 불안감만 더 커질 수밖에. 그러므로 해야 할 일이 있으면 그냥 하는 것이 낫다고 생각한다. 미루다 미루다 마지막에 가서 하면 더 집중력이 생겨서 일을 효율적으로 끝낼 수 있다고 말하는 사람들이 있다. 그런 사람들에겐 더 이상 할 말이 없다.

미루기 행동은 우울감을 유발하는 원인이 될 수도 있다. 영국 더럼대학교 심리학과 교수 퓨샤 시로이스가 진행한 연구에 따르면, 미루기 행동을 자주 하는 사람들은 더 심한 우울 증상 경향을 보인다고 한다.[20] 미루기 행동은 스트레스와 압박을 불러오며, 결국 불안감, 우울감을 유발할 가능성을 높이는 것이다.

사실 나의 아내도 할 일을 미루는 경향이 있다. 내가 봤을 땐 어차피 할 일인데 마지막 순간까지 버티는 경향이 있다. 납부 고지서가 그렇다. 세금, 벌금, 공과금 등 어차피 내야 할 돈들이 있다. 나 같은 경우엔 그런 고지서가 날라오면 웬만하면 바로 처리하려고 한다. 왜냐하면 어차피 처리해야 할 것들이기 때문이다. 그런데 아내는 몇 날 며칠을 그대로 쌓아둔다. 바로 처리하는 경우를 별로 본 적이 없다. 그러다가 기한을 넘기는 경우도 부지기수다. 기한을 넘기면 연체료까지 물어야 하는데 이해할 수 없다. 이런 얘기를 꺼내면 아내는 짜증을 낸다. 그래서 언젠가부터는 고지서가 날라오면 슬며시 아내의 화장대 위에 놓아둔다. 잘 보이도록.

어차피 할 일이라면 일단 해버리고 마음 편히 쉬는 것이 낫지 않을까? 습관적으로 할 일을 미루는 사람들의 특징은 무엇일까? 도대체 왜 그런 것일까? 이를 설명할 수 있는 심리학 개념 중 하나가 '시간 할인(Time Discounting)'이다. 시간 할인은 심리학, 행동경제학 분야에서 연구되고 있는 개념으로서 사람들이 시간적으로 연기된 보상(Reward)을 상대적으로 낮게 평가하는 경향을 의미한다.[21]

할 일을 미루는 사람들은 당장 일을 처리하는 데 따르는 보상이 미래에 있다고 판단하기 때문에 현재의 편안한 휴식이나 즐거운 활동과 같은 즉각적인 보상을 선택하는 경향이 강할 수 있다는 것이다. 그러므로 일 처리에 따른 보상은 시간적으로 더 연기되고, 그 가치를 상대적으로 더 낮게 평가하여, 미루는 행동이 발생하게 되는 것이다.

생각해보면 나의 아내도 이에 해당하는 것 같다. 나의 아내는 고지서가 화장대에 떡하니 놓여 있어도 소파에 누워 TV를 보거나 침대에 누워 스마트폰을 보는 모습을 자주 연출한다. 공과금을 당장 제때 냄으로써 얻는 이익은 미래에 있는 것처럼 느껴지지만 드러누워 TV나 스마트폰을 보는 것은 당장 더 큰 편익과 즐거움을 가져다주기 때문이다.

나는 이런 아내의 마음을 이해는 하지만 납득은 하지 못한다. 그럼에도 불구하고 제때 할 일은 제때 했으면 좋겠다. 그렇지 않으면 미래에 가서 더 큰 시간적·경제적 부담을 감당해야 할 수도 있고, 더 큰 후회를 할 수도 있기 때문이다. 혹시 당신은 미루기를 잘하는 사람인가? 그렇다면 스트레스, 불안감, 우울감을 예방하는 차원에서 그리고 더 큰 시간적·경제적 비용 부담을 예방하는 차원에서 지금 바로 해보는 것은 어떨까?

주위에 미루기를 하는 사람이 있다면 이렇게 얘기해보자.

"저기, 화내지 말고 들어봐. 어차피 해야 할 일인데 미루면 불안감, 우울감을 느낄 수 있데. 그리고 미루면 당장은 편할지 모르지만 나중에는 더 큰 대가를 치러야 할 수도 있잖아. 그러니까 그냥 바로 하는 건 어때?"

상대방의 반응이 수용적이기를 소망한다. 진심으로.

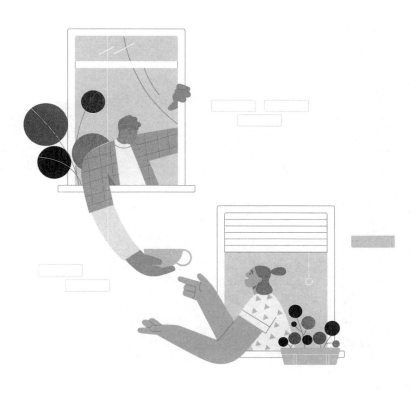

Furaha huanzia ndani.

Ⅲ.
내게 좋은 감정만
선택하는 법

최선을 다했다는 느낌이
중요한 이유

우리는 일상생활에서 종종 미련이라는 감정에 직면한다. 미련은 한자로 아닐 미(未), 익힐 련(練)을 쓴다. 한자 그대로 뜻풀이를 하면 익히는 것이 아직 끝나지 않은 상태를 의미한다. 제대로 성에 찰 때까지 익히지 못한 마음이다. 옛 선조들은 이럴 때 미련의 감정을 가졌나 보다.

나에게는 주말이 그렇다. 주말을 보내고 나면 매번 미련을 느낀다. 주중에는 일 때문에 주로 가족과 떨어져 있어서 초등학교 2학년인 딸 세령이에게는 항상 미안한 마음이다.

주중에 함께 시간을 보내지 못하는 만큼 주말에는 최대한 함께 많은 시간을 보내려고 한다. 함께 밥도 먹고, 함께 놀이터도 가고, 함께 좀비 놀이도 하고, 함께 숨바꼭질도 하려고 한다. 그렇게 주말을 보내고 월요일 아침에 집을 떠날 때면 항상 이런 생각이 든다. '좀 더 놀아줄걸, 좀 더 함께할 수 있었는데' 하는 아쉬움이 고정적이다.

이처럼 어떤 일을 끝냈는데 뿌듯함보다는 아쉬움이 클 때가 있다. 성취감보다는 미련이 남을 때가 있다. '이렇게 해볼걸', '그때 왜 좀 더 해보지 못했을까?' 하는 후회가 먼저 느껴질 때가 있다. 아무리 최선을 다했다 하더라도 미련이 생기는 이유는 뭘까?

미국 서던 캘리포니아대학교 심리학과 지오르지오 코리셀리 교수는 '후회와 그것에 대한 회피'라는 주제로 연구를 수행했다. 연구결과에 따르면, 미련의 감정은 자기 정당화와 관련이 있었다. 즉 자신이 한 선택을 정당화할 수 없는 경우, 미련의 감정을 더 강하게 느끼는 것으로 나타났다.[22]

쉽게 말하면 '내가 했던 노력이나 행동이 최선이었다'는 생각을 정당화해줄 만한 근거를 찾지 못할 때 미련이 발생한다는 것이다.

예를 들면 이런 것이다. 주말에 딸과 좀비놀이, 숨바꼭질을 했다. 피곤하지만 아빠로서 최선을 다했다. 그런데 딸아이가 발레 학원에 개인레슨을 받으러 가야 해서 나는 혼자 남았다. 그럴 때 나는 미련을 느낄까? 그렇지 않다. 내가 끝내고 싶어서 놀이 시간을 끝낸 것이 아니라 외부의 일로 어쩔 수 없이 끝난 것이기 때문이다. 그럴 때는 미련 대신 만족감을 느낀다. 내가 할 수 있는 최선을 다했다는 생각이 든다.

그런데 그러지 못할 때가 있다. 어떤 주말은 너무 피곤하다. 그래서 딸아이와 제대로 못 놀아 줄 때가 있다. 그렇게 힘이 없는 상태로 주말을 보내다가 월요일 아침, 딸과 헤어질 때면 너무너무 미련이 남는다. '좀 더 잘 놀아줄걸, 좀 더 힘을 낼걸' 하는 생각이 밀려든다. '최선을 다했다'는 생각을 정당화하지 못하기 때문이다. 어떤 일이든 끝나고 나서 '할 만큼 다했다. 나는 최선을 다했다'는 생각이 들어야 한다. 그러한 생각을 정당화시킬 수 있어야 한다. 그래야 미련을 남기지 않을 수 있다. 미련의 감정은 우리의 감정과 신체에 부정적 영향을 미칠 수 있다.

네덜란드 틸뷔르흐대학교 심리학과 교수 마르셀 제레런버흐와 동료 연구자들이 진행한 '미련과 대인관계' 연구에 따르면, 어떠한 과제를 수행한 후 미련을 느끼는 사람들은 그렇지 않은 사람들에 비해 자신의 과거 행동, 선택에 대해 자책하는 경향이 높음을 발견하였다.[23]

또, 일리노이대학교 심리학과 교수 닐 로이즈는 '우리가 가장 후회하는 것과 그 이유'라는 주제를 가지고 연구를 수행했는데, 후회를 지속해서 느끼는 사람들은 신체적 건강에 부정적인 영향을 받을 수 있다는 점을 발견했다. 후회는 스트레스를 유발하고 면역체계를 약화시키는 요인으로 작용할 수 있으며, 이는 심장 질환과 관련된 위험을 증가시킬 수 있음을 시사한다.[24]

너무 잦은 미련, 습관적인 미련, 지속되는 미련의 감정에
유의해야 하는 이유다. 어떤 일을 하고 나서 미련을 아예 느
끼지 않을 수는 없다. 그것이 자연스러운 우리의 마음일 테
니 말이다. 하지만 되도록 미련을 느끼지 않도록 최소화하려
는 노력은 필요할 것이다.

후회를 이기는
작은 목표의 힘

중세 문학의 가장 위대한 시인으로 꼽히는 단테 알리기에리의 《신곡(Divine Comedy)》에는 다음과 같은 말이 실려 있다.

"후회를 갖는 것이 죄가 아니다.
후회를 계속 간직하고 있는 것이 죄다."

이는 누구나 후회를 하고 미련을 가질 수 있지만 그러한 감정에서 최대한 빨리 빠져나오는 것이 중요하다는 점을 강조한다. 더 좋은 것은 미련을 처음부터 느끼지 않거나 미련을 최소화하는 것이다. 어떻게 하면 좋을까? 그러기 위해서는 어떤 일을 끝내고 '최선을 다했다', '할 만큼 했다'는 생각이 들 만큼 해야 한다.

우리 집에서 쓰는 무선 진공청소기는 저렴한 모델을 사서 그런지 금방 배터리가 나간다. 완충한 상태에서도 약 15분 정도만 돌리면 작동이 멈춘다. 처음에는 짜증이 났다. 청소 중간에 작동이 멈춰버리기 때문이다. 그런데 지금은 오히려 그러한 특징을 활용해서 청소기가 멈추면 이렇게 생각한다.

'아, 내가 할 수 있는 만큼 다했다.'

청소를 더 열심히, 더 오래 할 수 있었는데 하는 미련이 없는 것이다. '최선을 다했다는 느낌, 전력투구했다는 느낌, 할 만큼 했다는 느낌이 들면 미련이 남지 않는다. 이를 위해서는 목표를 잘게 쪼개는 것이 좋다. 목표를 잘게 쪼개면 그만큼 목표를 달성하기가 수월해진다. 목표를 달성하면 '해냈다', '할 만큼 했다'라는 느낌을 더 쉽게 얻을 수 있다.

이를테면 '이번 주말에는 세령이와 잘 놀아줘야지'라고 목표를 세우는 것보다 '이번에는 좀비게임을 3번 해줘야지', '이번에는 숨바꼭질을 10분 정도 해줘야지'라는 목표를 세우는 것이다. 이렇게 목표를 세부적으로 정해놓고 실행하면 미련을 덜 느낄 수 있다. 작은 목표도 하나의 목표이기 때문이다. 그런 목표들을 달성할 때마다 '목표를 달성했다', '최선을 다했다'는 느낌을 얻고 미련 없이 또 다른 일에 매진할 수 있다.

이런 방식으로 일상생활 속에서 미련을 최소화해볼 수 있다. 공부를 하기로 마음먹었으면 책 한 권만 챙겨보자. 그리고 그 책에만 집중하는 것이다. 그 책을 다 공부하고 나면, 더 공부하고 싶어도 공부할 책이 없다. 할 수 있는 만큼 다 끝냈다는 뿌듯한 느낌을 안고 자리에서 일어날 수 있다. 그다음 책을 공부할 때, 다른 공부를 할 때 잘 끝낼 수 있다는 자신감을 증가시킬 수 있다. 실제로 이처럼 미련을 느끼지 않는 것이 자기 효능감(Self-Efficacy) 상승에 도움이 된다는 연구결과도 있다.

미국 스탠포드대학교 심리학과 알버트 반두라 교수는 최선을 다하지 못했다는 느낌이 자기 효능감을 떨어뜨리는 경향이 있음을 밝혀냈다. 자기 효능감이란 특정 과제를 수행하는 자신의 능력에 대한 믿음을 의미한다. 일의 결과에 대한 아쉬움이 남으면 자신의 능력에 대한 불안감을 느낄 수 있고, 이로 인해 자기 효능감이 저하될 수 있다.[25]

여러분은 최선을 다하지 못한 것 같은 느낌, 아쉽고, 후회스러운 느낌이 자주 드는 편인가? 그렇다면 그것이 자책감, 스트레스를 유발하고 자신감을 저하시킬 수 있다. 목표를 달성 가능한 것들로 잘게 쪼개어 더 자주 성취감, 뿌듯함을 맛보자. '할 만큼 했다'라는 생각이 후회를 최소화할 수 있다. '더 할 수 있었는데'라는 아쉬움은 남기지 말자.

누군가로부터
무시받고 있다는 느낌의 정체

P씨는 20대 중반의 군 복무 중인 남성이다. 그는 다른 사람들이 자신을 무시한다는 생각에 사로잡혀 있었다. 훈련소에서도, 이후 배치받은 부대에서도 자신은 무시를 받으며, 자신이 새로운 대화 주제를 던져도 사람들이 반응하지 않고 자기들끼리 얘기를 한다고 했다. 실제로 사람들이 그를 무시한 걸까? 그럴 수도 있고 아닐 수도 있다. 그들에게 직접 물어보기 전까지는 그들의 마음을 알 수 없다. 그런데 무시당했다는 느낌은 현재 자존감 상태와 연관지어 생각해볼 수 있다. 실제로 그는 자존감이 많이 떨어져 있는 상태였다. 그의 자

존감은 언제부터 흘러내리기 시작했을까?

    그는 학창 시절 외모로 인해 친구들에게 놀림을 받았다.
키에 비해 체중이 많이 나간다는 이유로 친구들은 그를 괴물
이라고 부르며 놀려댔다고 했다. 처음에 그는 묵묵히 참았
다. 하지만 점점 그 빈도와 강도가 심해지자 어느 날 그는 친
구들에게 화를 냈고, 그 이후로 친구들은 그에게 말을 걸지
않았다. 그 일 때문에 그는 더욱 소외되고 외로움을 느꼈다.
주로 혼자만의 시간을 보내면서 제대로 된 대인관계를 가질
수 없었다. 점점 더 외톨이가 되었다. 사람들을 마주하면 그
들이 자신을 이상하게 볼 것이라는 생각이 들었다. 이런 생
각은 외모, 성격, 신체 등 모든 면에서 자존감을 떨어뜨렸다.

    성인이 되어서도 이런 상태는 지속되었고 그것이 지금까
지도 이어진 것이다. 다른 사람들은 별로 대수롭지 않게 넘어
갈 수 있는 상황에서도 그는 예민하게 반응했다. 사람들의 말
과 행동이 자신을 무시한다고 생각했다. 예를 들어, 단톡방에
서 자신이 어떤 주제를 꺼냈을 때 사람들이 아무런 반응도 하

지 않고 자신들이 하던 얘기를 계속하는데, 그때마다 그는 마치 없는 사람이 된 것 같았다. 군대에서도 무시당하는 느낌은 마찬가지였고 그의 군생활 적응은 점점 더 힘들어져 갔다.

미국 다트머스대학교 심리학과 교수 토머스 히써턴은 사회 심리학의 자기 조절(Self-Regulation) 분야에서 활발한 연구를 수행하고 있는 연구자다. 그는 동료 연구자와 함께 자존감의 수준에 따른 감정의 변화에 대해 연구를 했다. 연구결과에 따르면, 자존감이 낮은 사람들은 자신의 능력에 대한 부정적 피드백을 받을 때 더 강한 부정적 반응을 보이는 경향이 나타났다. 또한 자존감이 낮은 사람들은 그렇지 않은 사람들에 비해 타인이 자신을 비하하거나 무시한다는 느낌을 더 강하게 받는 경향이 있음이 밝혀졌다.[26]

이러한 무시받았다는 느낌은 앞서 언급한 것처럼 낮은 자존감 상태와 관련이 있을 수 있다. 그러므로 당신도 요즘 자신이 사람들에 의해 무시당하는 느낌이 자주 드는 것 같다면, 자신의 자존감을 살펴보면 좋겠다. 요즘 자신의 자존감이 어떤 상태인지 확인해볼 수 있는 자가 진단법을 소개한다. 잠시 연필을 들고 자신을 점검해보는 시간을 가져보자. 1분 정도만 투자하면 당신의 자존감 상태를 바로 확인할 수 있다.

로젠버그의 '자아존중감 척도(Rosenberg's Self-Esteem Scale)'는 심리학자 모리스 로젠버그가 개발한 것으로, 자존감을 측정하는 일반적으로 가장 널리 쓰이는 도구 중 하나다. 10개의 질문 항목으로 구성되어 있으며, 각 항목은 4점 척도(0부터 3까지)로 평가된다. 높은 점수일수록 높은 자존감을 의미한다. 실제로 사용되는 문항들은 다음과 같다.[27]

1. 나는 내가 적어도 다른 사람들과 동등한 차원에서 가치 있는 사람이라고 느낀다.
2. 나는 내가 좋은 자질을 많이 가지고 있다고 느낀다.
3. 대체로 나는 내가 실패자라고 느끼는 경향이 있다.
4. 나는 대부분의 다른 사람들처럼 일을 잘할 수 있다.
5. 나는 내가 별로 자랑할 것이 없다고 생각한다.

6. 나는 나 자신에 대해 긍정적 태도를 취한다.

7. 전반적으로 나는 나 자신에 만족한다.

8. 나는 나 자신을 더 존중할 수 있었으면 좋겠다.

9. 나는 가끔 내가 쓸모없는 것 같은 기분이 든다.

10. 가끔 나는 내가 전혀 잘하지 못한다고 생각한다.

※ 3, 5, 8, 9, 10번 문항은 동의하지 않을수록 점수가 높음.

※ 총점 30점 만점. 26점 이상: 자존감 높은 수준.

  25점~15점: 자존감 보통 수준, 14점~0점: 자존감 낮은 수준.

　　위의 자존감 테스트 결과, 점수가 14점 이하이면 자존감이 낮은 편에 속한다. 당신의 점수가 14점 이하이고, 최근 자신이 주위 사람들로부터 무시당한다는 느낌을 자주 받았다면 앞서 살펴본 것처럼 이 두 가지는 서로 연관이 되어 있을 가능성이 크다.

　　당신이 무시당하였다는 느낌은 말 그대로 당신의 느낌일 수 있다. 상대방은 별 뜻 없이 당신에게 말하고, 당신을 대한 것이지만 당신의 자존감이 떨어져 있는 상태라면, 당신은 그것으로 인해 상처받고 무시당하였다고 느꼈을 가능성이 크다는 말이다. 그러니 먼저 요즘 자신의 상태를 천천히 돌아볼 필요가 있다. 요즘 내 기분은 어떤지, 다른 사람이 나를 어떻게 보는지에 너무 신경 쓰고 있는 것은 아닌지, 어떤 상황에서 내가 무시당했다고 느끼는지, 그 이유는 무엇인지 짚어보자. 내 잘못을 지적하거나 자책하라는 의미가 아니다. 자존감이 떨어져 있다면 나를 다독이고 다시 이끌어주면 된다.

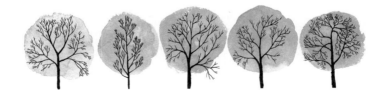

나에게는
좋은 말만 준다

미국 시카고대학교 사회심리학과 니콜라스 에플리 교수는 '자신의 행동이 다른 사람들에게 무시되는 것으로 오인하는 경향'에 대해 연구를 진행했다. 실험 참가자들에게 자신을 소개하는 영상을 녹화하게 한 다음 이 영상을 다른 사람들에게 보여주도록 했다. 그리고 참가자들은 자신의 소개 영상을 다른 사람에게 보여줄 때 그들이 그 영상에 얼마나 관심을 갖고 집중하는지에 대해 주관적 평가를 했다. 결론적으로, 실험 참가자들은 자신의 영상이 다른 사람들의 관심을 받지 못하고 무시되었다고 느꼈지만 실제로는 다른 사람들이 참가자

들을 충분히 인지하고 관심을 가지고 있었다.[28]

이처럼 사람들은 당신이 생각하는 것보다 당신을 무시하는 것이 아닐 수 있으며, 당신이 그런 느낌을 받는 것은 자존감이 낮은 상태여서일 수도 있다. 그러므로 그러한 느낌에서 벗어나기 위해서라도 자존감을 높이는 일은 중요하다. 자존감을 높이는 방법에는 무엇이 있을까?

긍정적 자기 대화(Positive Self-Talk)를 활용해보자. 긍정적 자기 대화란 자신에게 긍정적인 말과 생각을 전하는 것을 의미한다.

미국 워터루대학교 심리학과 조앤 우드 교수는 긍정적 자기 대화가 자존감 향상에 미치는 영향에 관한 연구를 진행하면서 한 가지 실험을 했다. 참가자들을 두 그룹으로 나누어, 실험 그룹에게는 긍정적 자기 대화를 하도록 하고 나머지 그룹은 하지 않도록 했다. 연구결과에 따르면, 긍정적 자기 대화를 한 실험 그룹은 긍정적 자기 대화를 하지 않은 그룹과 비교하여 더 높은 수준의 자존감을 획득하고 긍정적 감정을 경험했다. 이 결과를 근거로 연구자들은 긍정적 자기 대화를 하는 것은 자존감을 향상시키는 데 도움이 되며, 긍정적인 감정을 촉진할 수 있다고 주장하였다.[29]

긍정적 자기 대화는 구체적으로 어떻게 하는 것일까? 자신에게 소리를 내어 또는 속으로 되고 싶은, 바라는 모습을 말로 표현해주면 된다.

"나는 자신감과 능력을 갖춘 사람이다."
"나는 과거의 실패에 대해 자비롭게 대해주고, 성장과 배움의 기회로 바라본다."
"내가 어려움에 직면했을 때, 내 안에 있는 강한 멘탈과 해결 능력을 믿는다."
"나는 나 자신을 사랑하며, 내가 가진 장점과 독특함을 인정한다."
"나의 노력과 열정은 내 성공의 기반이 되며, 나는 목표를 달성할 자신이 있다."
"나는 오늘도 성장하고 발전하는 모습을 보여주며, 나 자신을 자랑스러워한다."

핵심은 이처럼 스스로를 먼저 인정하는 것이다. 자신이 앞으로 되고 싶은 모습을 현재형으로 말하는 것이다. 이미 그런 모습이 된 것처럼 말이다. 이처럼 긍정적 자기 대화를 꾸준히 실천하면 자존감을 향상시키고 긍정적 자아 개념을 만들 수 있다.

침묵이
오히려 마음을 시끄럽게 한다면

대화할 때 중간중간 "음…", "어…"와 같은 소리를 내는 사람들이 있다. 생각하는 것처럼 보이기도 하고, 불안해 보이기도 한다. 이런 모습은 적당하다면 신중한 느낌을 주지만 이런 소리를 과도하게 오랫동안 낸다거나, 자주 이러한 모습을 보여준다면 상대에게 부정적 인상을 안겨줄 수 있다. 신뢰감을 주지 못하거나 답답한 인상으로 비춰진다.

상담을 받은 L씨 역시 그런 특징을 갖고 있었다. 대화할 때 습관적으로 소리를 내는데, 그렇게 하지 않으면 말이 잘

나오지 않는다고 했다. 상담 내내 그러한 모습을 자주 보여주었다. 말할 때 이런 추임새를 넣게 되는 이유는 뭘까?

불안감이 그 원인일 수 있다.

호주 케이프브레톤대학교 심리학과의 피터 맥인타이어 교수가 진행한 '언어적 불안과 말 끊음 현상 간의 관련성' 연구에 따르면, 언어적 불안을 느끼는 사람들은 말하는 도중에 말을 끊는 경향이 있다고 한다. 자신의 말이 부족하거나 적절하지 않을까봐 또는 자신의 의도를 전달하지 못할까봐 걱정하는 상황에서 말 끊김 현상이 발생할 수 있는 것이다.[30] 더욱이 불안감이 높은 사람이라면 대화 사이에 발생하는 공백을 대화의 중단, 단절로 생각할 가능성이 높다.

L씨에게서도 그러한 불안감이 보였다. 그는 대화가 끊길까봐 두려움을 느꼈다. 그는 대화가 끊겼을 때 상대가 대화에 흥미를 잃을까봐 걱정이 든다고 했다. 대화가 중단되면 L씨는 곧바로 스스로가 '재미없는 사람'이라는 부정적 이미지

를 떠올렸다. 그래서 자기도 모르게 그 공백을 메우기 위해 "음…", "어…" 하는 소리를 넣기 시작했던 것이다.

처음부터 이랬던 것은 아니다. 그는 고등학생 시절 이전까지는 말도 많고 대인관계가 활발한 아이였다고 한다. 하도 말이 많아 친구들로부터 "너는 말만 줄이면 반은 간다"라는 핀잔을 들을 정도였다고 한다. 그때부터 '말을 좀 줄여야겠다'는 생각과 함께 공부에 집중할 시기도 되어 친구들과 어울릴 기회를 점차 줄여갔다.

그렇게 스스로 말을 줄여야겠다는 생각과 대인관계의 의도적인 축소가 결합되어 그는 혼자 지내는 시간이 많아졌다. 혼자서 공부를 하고, 혼자서 밥을 먹고, 혼자서 휴식을 취했다. 그러다 보니 사람들과 함께 있는 상황 자체가 어색해졌다. 누군가와 대화를 하는 것, 누군가와 눈을 마주치는 것, 누군가와 함께 있는 것 자체를 꺼리게 된 것이다.

대화의 공백은 정말로 대화의 중단을 의미할까? 아니다. 그렇지 않다. 그렇게 생각할 필요가 없다. 대화의 공백은 중단이 아니라 여백이다. 대화가 쉴 틈 없이 말과 소리로 채워진다면 어떨까? 오히려 사람을 더 피곤하게 만들고 지치게 만들지 모른다. 더 큰 거부감이 생겨날 수 있다.

대화의 공백은 대화를 더 풍부하게 만드는 요소가 될 수 있다. 이러한 태도를 가져야 대화의 공백 포인트에서 조급함을 느끼지 않을 수 있다. 침묵을 활용할 줄 알아야 한다. 그 공백을 굳이 채우지 않아도 되는 이유를 이해해야 한다. 대화의 공백에서 사람들은 생각을 정리할 수 있고, 반응할 수 있고, 대화를 음미할 수 있다. 아무리 맛있는 음식도 입안에서 그 맛을 즐길 시간이 필요하듯 아무리 좋은 말이라도 그 말을 생각하고 음미할 시간이 필요하다. 그것이 대화에서는 공백이고, 여백이고, 침묵이다.

네덜란드 플랑크 심리언어학연구소의 심리학자 탄야 스티버스 박사와 동료 연구자는 대화 중 발생하는 공백이 의사소통과 대화의 질을 향상시키는 데 도움이 된다는 점을 발견했다. 그들은 연구결과를 통해, 대화 중 발생하는 공백, 침묵은 대화 참가자들끼리 의견을 표현하고 생각을 정리할 수 있는 시간을 제공하며, 대화의 풍부성과 상호작용의 효과성을 증가시키는 역할을 할 수 있다고 설명했다.[31] 대화 중 발생하는 공백을 단절로 인식하지 않고, 더욱 활발하고 긴밀한 의사소통 방법으로 인식하는 것이 중요함을 의미한다.

19세기 미국의 유명한 작가, 예술가, 철학가였던 엘버트 허바드는 침묵에 대해 다음과 같은 말을 했다.

"당신의 침묵을 이해하지 못하는 사람은
아마 당신의 말도 이해하지 못할 것이다."

그의 말처럼, 누군가 이해해보고 싶은 사람이 있다면, 그가 하는 말을 이해하기 전에 그가 보여주는 침묵을 먼저 이해해보려 하면 어떨까? 누군가의 침묵에 대한 이해 없이 그가 하는 말들을 가지고 그의 마음을 진정으로 이해하기는 어렵다는 생각이 든다. 침묵이 갖는 의미와 힘에 대해 다시 한번 생각하게 된다. 나 역시 일상생활에서, 심리상담에서 침묵을 활용한다. 내담자가 말을 하고 발생하는 침묵, 내가 말을 하고 발생하는 침묵 속에서 자신과 상대방에 대한 이해가 깊어지는 것을 느낀다.

침묵은 절대 공백, 단절이 아니다. 상대를 더 잘 이해할 수 있고, 그런 만큼 대화를 더 풍부하게 만들 수 있는 존재임을 잊지 말자. 침묵을 단지 침묵으로만 받아들이지 말자. 침묵에 대해 너무 조급해하지 말자. 침묵을 편안하고 의연하게 받아들이는 연습을 해야 하는 이유다. 상대의 침묵을 불편해하기만 한다면 상대의 마음을 더 잘 헤아리고, 더 깊은 관계를 만드는 데 한계가 생긴다. 침묵에 대한 고정관념을 바꿀 시간이다.

타인의 입장에 서보면
감정이 가라앉는다

오늘 아침 억울한 느낌이 드는 일을 겪었다. 군부대에서 상담을 하다 보면 차량이 필요할 때가 있다. 차량을 이용하기 위해서는 아침에 있는 배차신고에 참석해야 한다. 배차신고를 주관하는 A 중령님이 갑자기 내게 물어보셨다.

"상담관님, 오늘 배차받으신 차가 6호 차량 맞습니까?"
"아, 아직 확인 못 했는데 확인해보겠습니다."

사실 내가 무슨 차를 배차받았는지 확인하지 않았다. 차량을 인도받는 시점에 가서 확인해도 차량을 이용하는 데 문제가 없었기 때문이다. 그러면서 이런 생각이 들었다. '배차를 결정하는 것은 내가 하는 것이 아니고 저분들이 하시는 일인데 왜 나한테 맞냐고 물어보지?' 앞뒤가 안 맞는 것 같았다. 차라리 이렇게 내게 이렇게 물어봤더라면 좋았겠다는 생각이 들었다.

"상담관님, 오늘 6호 차량으로 배차를 내드렸는데 알고 계십니까?"

배차 신고가 끝나고 나서도 찝찝한 기분이 한동안 가시질 않았다.

우리가 억울함을 느낄 때마다 당사자에게 그 마음을 표현하는 것이 현실적으로 어려울 수 있다. 그 사람이 직장 상사일 수도 있고, 친한 친구일 수도 있고, 쉽게 말을 꺼내기 어려운 사람일 수 있기 때문이다. 그럼 이럴 땐 어떻게 하면 좋을까? 내가 터득한 방법은 억울한 느낌을 유발한 상대방의 입장이 되어 보는 것이다. 그를 이해하는 것이 목적이 아니라 그의 입장을 이해해봄으로써 나의 억울함을 누그러뜨리는 것이 주목적이다.

미국 에커드대학교 심리학과 교수 마크 데이비스는 타인의 입장을 공감하는 능력이 자신의 감정을 조절하는 것에 어떻게 도움이 될 수 있는지 연구했다. 그 결과, 다른 사람의 감정을 경험하고 그들의 처지에서 생각해봄으로써 자신의 억울한 감정을 조절하는 데 도움이 될 수 있다고 한다.[32]

위에 소개했던 사례에 적용해보았다. 상대방, 즉 A 중령님의 입장에서 생각을 해보았다. '내가 만약 그의 입장이었다면 어땠을까?' 배차신고에 오는 사람이 자신이 배차받은 차가 뭔지도 모르고 있다면 답답할 것 같았다. 배차신고 때는 배차하는 차량의 특이사항들을 설명하는데, 참석자가 자신에게 배차가 된 차량이 뭔지 모르고 있으면 설명이 잘 전달될 수 없을 것 같았다.

그런 생각을 하다 보니 상대방의 입장도 이해가 됐다. 내 입장에서는 억울한 면이 있었고, 그 중령님 입장에서는 내가 괘씸한 면이 있었을 것이다. 그러면서 나의 억울한 감정도 조금은 무뎌졌다. 결국 내 기분과 마음을 정리하는 데 도움이 되었다.

그를 위해 그의 입장이 되어 본 것이 아니었다. 그를 향한 나의 미운 감정, 나의 불편한 마음, 나의 억울한 마음을 달래는 데 도움이 되었다. 결국, 나를 위한 것이었다.

앙투안 드 생텍쥐페리의 소설 《어린 왕자》에는 어린 왕자와 꽃이 등장한다. 어린 왕자는 자신의 별에서 꽃을 키우고 있었는데, 그 꽃은 매우 까다롭고 예민했다. 어린 왕자는 꽃을 돌보느라 매우 힘들었지만 그럼에도 불구하고 꽃을 사랑했다. 어느 날 어린 왕자는 꽃을 떠나기로 결심한다. 꽃에게 많은 것을 해주었지만 꽃은 고마워할 줄 모르는 것처럼 느껴졌기 때문이다. 어린 왕자는 속상했고 이런 점이 억울하게 느껴졌다. 이후 어린 왕자는 꽃을 떠나 이곳저곳을 다니며

많은 것을 배우고 깨닫게 된다. 그리고 문득 어린 왕자는 꽃의 입장에서 생각을 해보았다.

"나는 그때 아무것도 이해하지 못했던 거야. 그 애처로운 투정 뒤에는 따뜻한 사랑이 있다는 것을 눈치챘어야 하는 건데… 하지만 그때 나는 너무 어려서 그 꽃을 사랑할 줄 몰랐던 거야."

꽃의 입장에서는 툴툴거리는 방식이 사랑을 표현하는 방식이었을 수도 있었음을 깨닫는다. 그는 그렇게 꽃의 입장에서 생각해보고, 꽃에 대한 미움과 억울함을 덜 수 있었다. 그 덕분에 어린 왕자는 좀 더 행복해질 수 있었다.

여러분도 무언가 억울한 일을 당했다면 상대방의 입장에서 한번 생각해보는 것은 어떨까? 그를 위함이 아닌 당신 자신을 위한 시도다. 상대방을 이해하는 것이 궁극적 목적이 아니라 당신 자신의 불편한 마음을 더 빨리 가라앉히는 것이 궁극적 목적이다. 그의 입장이 되어 그를 이해해보는 것은 당신 자신을 위한 수단이다. 그를 덜 미워하는 만큼 당신의 마음은 더 편안해질 수 있다.

물론 억울한 감정이 쉽게 해소되지 않거나 적극적 해명을 통해 실제적 문제 해결이 필요한 경우라면 적극적으로 나서야 할 것이다. 하지만 그런 경우가 아니라면, 즉 억울한 마음을 나 혼자 달래는 것으로 충분한 상황이라면 조용히 내 마음을 달래보는 것도 좋은 방법이 될 수 있음을 참고해보자. 결국 억울하다는 마음도 내 마음이기 때문이다. 억울하다고 느끼는 내 마음을 덜 억울해하는 마음으로 바꾸면 되기 때문이다. 억울한 마음이 가라앉으면 가장 편안해지고 가장 큰 이득을 얻는 사람은 바로 나라는 사실을 잊지 말자.

지금 행복하기로 마음먹는다면
행복은 바로 뒤따라온다

오늘로써 2개의 원고를 투고한 셈이 되었다. 예상은 했지만 전전긍긍이다. "제발, 제발 한 군데에서라도 연락이 와라" 하는 심정이다. 벌써 집착하기 시작한다. 그래서 그런 걸까? 다른 원고를 빨리 써야 한다는 강박, 집착이 생긴다. 가만히 쉬면 시간을 허투루 보내는 것 같다. 2개의 원고를 출판사에 투고한 뒤였음에도 불구하고 나는 다른 원고를 계속 써야 한다는 강박관념에 시달렸다. 가만히 생각해보았다. 나는 왜 이리 한시도 쉬지 않고 원고를 써내려 하는 것일까?

생각해보면 그것은 많은 책을 출간하기 위해서다. 많은 책을 출간해야 그중에서 베스트셀러가 탄생할 가능성이 커진다고 생각하기 때문이었다. 베스트셀러 작가가 돼야 내가 유명해지고 더 성공할 수 있다고 생각하기 때문이었다. 그럼 난 왜 유명해지고 성공하고 싶을까? 내가 유명해져야 내 가족, 내 주위 사람들과 내가 더 행복해질 것이라고 믿기 때문이었다. 이런 생각들이 나의 무의식적으로 깔려 있었던 것 같다.

난 내 삶이 더 유명해지고 행복해지길 바랐던 것 같다. 그렇게 행복감을 느끼고 싶어 했던 것 같다. 결국 나는 행복하고 싶은 것이다. 그래서 나는 쉬지 않고 계속 써야 한다는 강박관념에 시달렸던 것이다. 그렇게 나는 쓰는 것에 집착했던 것이다.

호주 멜버른대학교 심리학과 교수 리차드 몰딩과 동료 연구자들은 상황을 통제하고 싶은 욕구를 많이 느낄수록 강박적으로 집착하는 생각과 행동을 할 가능성이 높아진다는 점을 발견했다. [33] 나는 무엇을 통제하고 싶었던 것일까? 성공에 대한 통제였다. 내 삶에 성공을 끼워 넣고 싶었다. 평범한 삶은 싫었다. 남들로부터 주목받는 삶, 사회적으로 유명한 삶, 경제적으로 여유 있는 삶을 살고 싶었다. 그렇게 나는 내 삶을 통제하고 싶었다.

상황을 통제하고 싶은 욕구가 높을 때 우리는 무언가에 대해 집착할 수 있다. 예를 들어 완벽한 사람이 되고자 하는 사람은 실수하지 않는 것에 집착할 수 있다. 훌륭한 투수가 되고 싶은 사람은 안타와 홈런을 맞지 않는 것에 집착할 수 있다. 건강을 중요시하는 사람은 건강검진을 정기적으로 받고, 좋은 음식을 먹고, 꾸준히 운동하는 것에 집착할 수 있다. 항상 좋은 이미지로 사회생활을 하길 원하는 사람은 다른 사람이 자신을 어떻게 평가하는지에 집착할 수 있다.

이 모든 것은 목표를 달성하는 데 필요한 기본적 태도다. 문제는 그 수준이 너무 지나칠 때 있다. 단 한 번의 홈런도 용납하지 않고, 자잘한 잔병치레도 없어야 하는 것은 관리의 수준을 넘어선 집착이다.

집착은 어떤 것에 늘 마음이 쏠려 잊지 못하고 매달린다는 뜻이다. 우리 삶에서 잊어야 할 땐 잊어야 한다. 잊으려 할수록 더 생각이 날 때가 있다. 이미 헤어진 연인이 더 생각날 수도 있고, 주식으로 잃은 돈이 생각날 수도 있다. 목표로 했지만 가지 못한 여행코스가 생각날 수도 있고, 목표로 했지만 가지 못했던 대학이 될 수도 있다.

영국 엑세터대학교 심리학과의 에드워드 왓킨스 교수는 '집착으로 인해 발생하는 부정적 감정'에 대한 연구를 수행했다. 그는 문제 해결에 도움이 되지 않는데도 반복적으로 무언가를 생각하는 방식을 '건설적이지 않은 반복적 사고'라고 정의하며, 이것이 계속되는 경우에는 심리적 고통과 우울 증상을 유발할 수 있다고 했다.[34]

글을 써야 한다는 집착 때문에 나는 우울, 심란함, 불안감 등을 겪었다. 집착의 부작용이었다. 그런 집착이 나의 정신적, 신체적 건강에 부정적 영향을 끼치는 것이 느껴졌다. 이대로는 안 될 것 같았다. 몸과 마음이 망가질 것 같았다. 생각을 바꾸기로 하였다.

'지금 행복해지자. 지금 행복해하자. 지금 행복을 느낄 수 있다면 강박적으로 글쓰기에 매달리지 않아도 되지 않는가? 내가 글을 많이 쓰려는 것도 결국은 행복해지기 위해서가 아닌가?'

지금 행복을 만끽하자고 마음을 먹었다. 난 건강한 몸이 있고, 사랑하는 가족이 있고, 내가 원할 때 가고 싶은 곳을 갈 수 있는 자유가 있고, 글을 쓸 수 있는 나의 경험과 손가락이 있고, 건강한 정신을 소유하고 있다는 사실에 집중했다. 당연하게 여겨지던 것들이 소중하게 여겨지도록 바라봤다. 그렇게 생각하니 마음이 조금은 편해졌다. 글쓰기에 대한 집착, 성공에 대한 집착이 조금은 무뎌졌다. 지금 이 글을 쓰는 순간도 조금은 편안해졌다. 지금 행복을 느낄 수 있다면 무언가에 그토록 절실히 매달리지 않을 수 있을 것 같다.

미국 일리노이대학교 심리학과 교수 에드 다이너와 동료 연구자들은 연구를 통해 일상에서 행복감을 잘 느끼는 사람들은 현재의 경험을 더 잘 인식하고, 현재에 더 만족한다는 것을 밝혀냈다.[35]

비슷한 다른 경험이 있다. 전에 나는 특정 아파트의 단지 매매가, 전세가를 매일 확인하는 강박적 습관이 있었다. 습관적으로 부동산 페이지에 들어갈 뿐만 아니라 아예 고정 페이지로 설치해두었을 정도였다. 강박이자 집착이었다. 틈만 나면 시세를 확인했는데, 그때마다 우울해지고 답답했다. 내가 원하는 시세가 형성될 기미가 보이지 않았기 때문이다.

그 당시 나는 개인적인 사정으로 아파트를 팔아야 했는데 부동산 시장이 침체되어 매매가 어려운 상황이었다. 원하는 시기에 원하는 가격에 팔지 못하면 경제적으로 타격을 입을 수도 있었다. 그만큼 절실했기에 나도 모르게 시세를 강박적으로 확인했다. 그래서일까? 내가 원하는 시세가 형성되지 않는 그 상황이 더 크게 와닿았고 괴로웠다. 생각을 고치기로 결심했다.

'내가 원하는 가격에 아파트가 팔리지 않아도 나는 우리 가족과 내가 살아가는 집이 있고, 수입이 있잖아. 지금도 괜찮다. 원하는 거래가 이루어질 때까지 시간이 걸리긴 하겠지만 그래도 나는 지금도 행복하다.'

이런 생각을 하니 아파트 거래에 집착하던 마음이 조금은 편안해질 수 있었다.

아프리카 속담에는 다음과 같은 말이 있다.

"행복은 안에서 시작된다."

행복은 우리의 마음이나 태도에 달려 있다는 점을 강조하는 말이다. 행복은 지금 당장이라도 느낄 수 있는 감정이다. 특정한 상황이나 조건이 충족되어야만 행복을 느낄 수 있는 것도 아니다. 행복은 외부의 조건보다는 마음의 상태에 의해 더 많은 영향을 받는다. 지금 사랑하는 사람들과 사랑하는 순간을 즐기고, 지금에 만족해하고, 지금 행복해하면 편안함, 여유를 가질 수 있다. 지금 만족해할 만한 요소를 찾아보자. 당신이 행복하기로 마음먹는다면 행복은 바로 뒤따라온다.

때로는
책임감이 내 발목을 잡는다

과도한 책임감에 사로잡히는 사람들이 있다.

'내가 할 일인데 내가 아프다고 해서 다른 사람이 하게 놔
두면 안 되지.'

"아, 죄송합니다. 제가 좀 더 미리 상황을 파악하고 있었
다면 괜찮았을 텐데. 죄송합니다. 제 책임입니다."

'어떻게 해서든 이 일은 내가 끝내야 해. 이건 내 일이니
까.'

이런 마음은 나 자신이 직접 경험할 수도 있고, 주위의 사람을 통해 간접적으로 경험할 수도 있다.

직장인 K씨는 최근 다리가 다치는 바람에 병원 진료를 자주 다녔다. 외부 진료를 다니는 동안 동료와 상사들의 눈치를 많이 봤는데, 자신이 자리를 비워서 업무가 분담이 되는 상황을 그는 견디기 힘들어했다. 그래서 복귀하면 평소보다 더 많이 일했고 결국 다리에도 무리가 왔다. 책임감 있는 태도는 좋다. 하지만 자신의 몸과 마음을 지킬 수 있는 범위에서 책임감이 발휘되어야 한다. 자신의 몸과 마음을 희생하면서 책임감을 발휘하는 것은 의미가 없기 때문이다. 그도 그점을 깨달았던 것일까? 그날 상담이 끝날 무렵, 그는 이렇게 말했다.

"좀 이기적으로 살아야 할 것 같네요."

그는 지금까지 너무 주변 사람들의 눈치를 살피며 살았고, 다른 사람의 기준에 맞추어 살아왔다고 했다. 그런데 이제는 반드시 그렇게 할 필요는 없다는 생각이 들었다고 했다. 공감이 갔다.

높은 수준의 책임감을 발휘하고 주변 사람들을 배려하는 것은 분명 좋은 의도이고 좋은 태도이다. 하지만 그러한 행동이 자신의 몸과 마음보다 우선시 될 수는 없다. 자신의 몸과 마음이 정상적으로 작동하는 범위 내에서 타인을 생각해야 한다. 자신의 몸과 마음도 제대로 챙기지 못하면서 높은 수준의 책임감만 발휘하려고 하는 행동이 가장 책임감 없는 행동이다. 하나만 알고 둘은 모르는 행동이다.

천명관의 장편소설 《고래》에는 커다란 키와 엄청난 근육을 자랑하는 '걱정'이라는 인물이 나온다. 그는 자신의 힘을 믿고 위에서 쏟아지는 통나무들을 온몸으로 막아냈다. 함께 일하던 다른 인부들을 구하기 위해서였다. 인부들은 황급히 몸을 피했다. 걱정도 피하려면 피할 수 있었으나 그는 피하지 않았다. 맞섰다. 몸으로 막아내려 했다. 결국 그는 불구에 가까운 몸이 되어 거의 종일 누워 있는 신세가 되었다.

다른 사람을 배려하고, 다른 사람을 지키려는 의도는 좋다. 하지만 자신의 몸과 마음을 해치지 않는 범위어야 의미가 있다. 나를 지키려는 최소한의 노력은 필수다. 적당히 이기적인 행동은 이기적인 행동이 아니다. 내가 나를 지켜야 남도 도울 수 있기 때문이다.

아인 랜드는 러시아 태생의 철학자이자 소설가이다. 20세기 중반 자유주의, 개인주의, 이타주의에 대한 독창적, 철학적 견해를 제시한 그녀의 작품과 이론은 현대 정치와 경제에 큰 영향을 주었다. 그녀의 저서《파운틴헤드(The Fountainhead)》에서 그녀는 다음과 같은 말을 했다.

"삶의 가치를 실현하기 위해
때로는 자기 이익을 추구해야 한다."

그녀는 무조건적인 이타주의를 비판하며, 개인은 이익 추구를 통해 삶의 가치를 실현할 수 있다고 주장했다. 물론 그녀의 이런 생각이 무조건 옳다고 할 수는 없다. 하지만 과도한 책임감으로 인해 항상 자신을 희생하고, 항상 책임만 지려고 하는 사람이 있다면 한 번쯤 참고해봤으면 하는 생각이다.

나는 나 스스로가 책임감이 높은 사람이라고 생각한다. 적어도 내가 해야 할 일을 하지 않아서 타인에게 피해를 주는 상황을 만들지는 말아야겠다고 다짐한다. 마찬가지로 내가 적어도 하지 말아야 할 일을 해서 타인에게 피해를 주지는 말아야겠다고 생각한다. 딱 이 정도 생각이 좋은 듯하다. 책임감이 이 이상이 되면 내가 무너질 수도 있기 때문이다. 무엇이든 적절한 것이 좋다고 생각한다. 책임감도 적당히 느끼고 적당히 발휘했으면 좋겠다. 너무 부담을 갖지 않으면서 자신의 역할과 의무를 충실히 수행하는 것이 좋은 균형이라고 생각한다.

적절한 책임감은 우리의 행동과 선택을 적절히 조절해주며, 다른 사람들과의 관계와 사회적 책임에도 긍정적 영향을 미친다. 또한 우리의 성장과 발전을 촉진시킬 수 있다. 적당한 책임감을 통해 주어진 일에 최선을 다하고 문제를 해결하는 능력을 키워나가며 성장할 수 있다. 하지만 책임감에 집착하거나 부담을 받는다면 스트레스와 불안을 느낄 수 있다. 적절한 책임감을 유지하며 자신을 존중하고 적절한 휴식과 균형을 찾는 태도가 중요한 이유다.

캐나다 라발대학교 심리학과 교수 자크 레오므는 완벽주의, 책임감과 강박장애의 상관관계에 대해 연구했다. 강박적-강박성 장애(Obsessive-Compulsive Disorder, OCD)란 심리적 장애의 하나로, 강박적 생각과 두려움을 경험하며 이를 해소하기 위해 반복적이고 강제적인 행동(강박행동)을 수행하는 것이 특징이다. 완벽주의와 책임감이 강박적-강박성 장애 증상과 밀접한 관련이 있다는 것이다.[36] 물론 과도한 책임감이 반드시 강박장애로 이어진다는 것은 아니다. 책임감의 긍정적 측면에서 집중하고 이에 집착하다 보면 의도치 않은 심리적 부작용도 경험할 수 있다는 점을 기억하자.

쉽게 관계를 끊어버리는 성향이라면
알아야 할 것

S씨는 또래에 비해서 많은 연애 경험을 가지고 있었다. 그런데 그에게는 한 가지 특징이 있었다. 사소한 일에도 쉽게 이별을 통보한다는 것이었다. 여러분이 다섯 번의 이성교제를 하는 동안 다섯 번 모두 일방적으로 헤어짐을 통보한 경험이 있다면? 이 점에 대해서는 한 번쯤 진지하게 생각해보면 좋지 않을까 하는 생각이 든다.

이스라엘 레이치만대학교 심리학과 교수 마리오 미쿨린처는 '성인기의 애착행동 시스템'을 주제로 연구를 진행하면서, 어린 시절에 부정적 애착(Attachment) 경험을 한 사람들은 성인이 된 후에도 사회적 관계에서 불안정함을 경험할 가능성이 높아진다는 점을 발견했다.

이를테면 어린 시절 부모님의 불화로 인해 불안정한 관계를 경험한 사람은 자아 정체성의 혼란을 겪을 수 있으며, 이를 보완하기 위해 기존 사람들과의 관계에 과도한 의존성을 보일 수 있다는 것이다. 또한, 다른 사람들에 대한 믿음을 갖는 일 자체를 어려워할 수 있다고 한다.[37]

초등학교 시절 S씨의 부모님은 이혼을 하셨고, 그 이후로 그는 어머니와 단둘이 살아왔다. 그러한 이유 때문일까? 그는 친구들에게는 과도한 의존성을 보이는 반면 이성 친구에게는 조금만 믿음이 깨져도 쉽게 이별을 고하는 경향을 보였다. 이별 통보를 할 때마다 여자친구들은 "그런 사소한 일로 이별 통보를 하는 것은 너무하지 않냐"는 반응이었다고 한다. 그래도 S씨에게는 소용이 없었다. 그에게는 신뢰가 가장 중요했다. 어린 시절 그 누구보다 의지하고 믿었던 아버지가 떠나갔던 경험은 성인이 된 지금까지도 대인관계에 영향을 미치는 듯 보였다.

물론 그런 그의 마음은 이해한다. 신뢰가 내 인생에서 가장 중요한 가치일 수는 있다. 하지만 언제까지 그러한 패턴을 반복할 것인가? 신뢰에 대해 맹목적이고 과도한 기대를 하다 보면 그만큼 크게 실망하게 된다. 조금만 믿음이 배반당하는 경우가 생겨도 바로 관계의 단절과 같은 극단적인 방법을 택할 수 있다.

신뢰는 사람 사이를 이어주는 중요한 가치다. 신뢰를 통해 사람을 만나고, 신뢰를 통해 관계를 유지한다. 신뢰는 사람 사이의 시작이자 끝이다. 그만큼 중요한 요소이다. 그렇다 해도 상대방에게 너무 과하게 요구해서는 안 된다. 과하게 기대하는 만큼 크게 실망할 수 있기 때문이다. 물론 상대의 외도, 채무관계 불이행, 반복되는 거짓말 등으로 인해 신뢰에 금이 간 경우에는 어쩔 수 없다.

돌이킬 수 없는 경우가 아니라면, 어느 정도 입장이 이해 되고 공감할 수 있는 상황이라면 '얘가 잘한 것은 아니지만 그럴 수도 있지, 뭐' 하면서 넘어가는 것도 좋은 방법이다. 상대방을 위한 결정이 아니다. 당신 자신을 위한 노력이다. 그렇게 함으로써 당신은 소중한 사람을 잃지 않을 수 있고 당신의 마음을 진정시킬 수 있다. 입장을 바꾸어놓고 생각해보자. 당신은 살아오면서 누군가에게 신뢰를 단 한 번도 깨뜨린 적이 없는가? 살다 보면 그런 상황은 부득이 생기기 마련이다. '나는 되지만 상대방은 안 된다'는 생각은 내려놓자.

신뢰감에 대한 기대를 낮추면 좋겠다. 당신이 지금 만나는 사람들 혹은 앞으로 만나게 될 사람들은 당신이 기대하는 만큼의 신뢰를 보여주지 못할지도 모른다. 엄청나게 높은 수준의 신뢰를 보여주는 사람들만 관계를 형성하고 마음을 줄 것이라면, 그만큼 관계의 폭이 좁아질지도 모른다. 그만큼 사회생활을 하기 힘들지도 모른다. 그러니 당신에게 큰 피해를 주지 않는다면 당신이 만나는 사람들에 대한 신뢰감 기대 수준을 조금만 낮췄으면 좋겠다. 그래야 새로운 사람들과도 관계를 형성할 수 있고 더 많은 사람을 사랑할 수 있을 것이다.

당신이 사랑하는 사람은 당신에게 단 한 번의 실망도 줘서는 안 되는가? 항상 무너지지 않는 신뢰감을 보여주어야 하는가? 그 신뢰는 항상, 단 한 번도 무너져서는 안 되는가? 한 번 흔들린 신뢰는 절대 다시는 회복될 수는 없는 것인가? 그 사람이 당신이 사랑하는 사람이어도? 당신에게 중요한 의미를 지니는 사람이 당신의 믿음을 해치는 행동을 했다 하여도, 그 훼손된 믿음이 회복되는 것이 전혀 불가능한 것도 아니다.

밥 챕맨은 미국에서 많은 이에게 선한 영향력을 끼치고 있는 성공한 기업가다. 그는 '진정한 인간적 리더십(Truly Human Leadership)'이라는 개념을 소개했는데, 신뢰에 대해 이렇게 말했다.

"신뢰는 일생에 걸쳐서 만들어지지만
단 하나의 실수로 파괴될 수 있다.
그러나 신뢰는 노력과 시간을 투자하여
다시 쌓일 수도 있다."

한 번 무너진 신뢰를 다시 쌓는 일이 쉬운 일은 아니지만 그의 말처럼 불가능한 것도 아니다. 한 번 무너졌다고 해서 절대로 다시 회복할 수 없는 것은 아니다. 다시 세울 수 있다. 다만 시간이 필요할 뿐이다. 회복할 시간이 필요하다. 상처를 받은 쪽은 시간과 인내를 기울여야 하며, 상대방이 변화하고 신뢰를 회복하려는 의지를 보일 때까지 기다릴 필요가 있다. 그 사람이 그만큼 의미가 있는 사람이라면 말이다.

To open a new door,
you must close the old one.

IV.

마음 중심이 단단한 어른으로
살아간다는 것

내 감정을 인정하고
함께 잘 살아가는 법

싫은 감정을 아예 없애버리는 것은 쉬운 일이 아니다. 싫은 감정을 아예 없애버리려 하는 것보다 그 감정을 덜 느끼도록 노력하는 것이 중요한 이유다. 우울한 감정도 마찬가지다. 우울증 약을 먹었다고 해서 우울증이 바로 없어지기를 바라는 것은 진통제를 먹었다고 해서 통증이 바로 없어지기를 바라는 것과 같다. 진통제를 먹은 후 통증이 가라앉을 때까지 시간이 걸리듯 우울증 약을 먹은 후 효과가 나타날 때까지는 일정 시간이 필요하다.

더 중요한 것은 근본적 치료다. 약만으로는 몸에 대한 근본적인 치료가 되지 않는다. 운동을 하고, 좋은 음식을 먹고, 면역력을 키우는 행동이 근본적 치료가 될 수 있듯 자신의 마음을 관찰하고, 달래고, 다잡는 행동이 우울에 대한 근본적 치료가 될 수 있다.

우울증 완치를 바라는 것도 금물이다. 마음을 달래고, 약을 먹어도 우울감을 완전히 없애는 것은 어려울 수 있다. 우울감은 말 그대로 하나의 감정이기 때문에 언제 어디서든 다시 그 모습을 드러낼 수 있다. 미국 하버드 메디컬스쿨 정신건강 및 사회행동과 교수 로널드 케슬러에 따르면, 한 번 우울증을 경험한 사람 중 약 50% 이상이 재발을 경험했다고 한다.[38]

누구나 어느 정도의 우울감은 가지고 있다. 우울감을 없애는 방법보다 어느 정도의 우울감과 함께 살아가는 연습이 중요한 이유다. 항상 기분이 좋거나 행복한 사람은 없다. 우울한 순간은 누구에게나 찾아온다. 중요한 것은 우울감이 찾아오는 순간 그 우울감이 내가 감당할 만한 수준이냐, 아니냐다. 그럭저럭 감당할 만한 수준이라면 노력해볼 수 있다. 자신의 마음을 들여다보고, 자신의 생각을 살펴보고, 행동을 바꿔보는 노력을 해볼 수 있다. 감당하기 어렵다면 혼자서 끙끙댈 필요가 없다. 주위 사람과의 대화, 심리상담가와의 심리상담, 정신과 전문의의 약물치료 등 도움을 적극적으로 받아야 한다.

30대 초반 여성 S씨는 심리상담과 정신과 약물치료를 병행하는 중이었다. 그녀는 항우울제를 복용하면서 전보다 우울감이 다소 줄어드는 것을 경험했지만 남아 있는 우울감을 약으로 완전히 없애버리고 싶어 했다.

"선생님, 궁금한 것이 있어요. 제가 요즘 우울증 약을 먹어도 전보다 많이 나아지는 것 같지 않아요."

"그렇군요… 근데 제가 보기에는 S씨는 상담도 받고 약물치료도 하면서 전보다는 우울감이 나아진 것으로 보이는데요. 약 복용량을 늘리거나 더 효과가 강한 약으로 바꾸어서 조금이라도 남아 있는 우울감을 완전히 없애버리고 싶을 수 있어요. 하지만 더 중요한 건 내가 어느 정도의 우울감을 받아들일 수 있는지를 생각해보는 거예요. 지금 남아 있는 우울감이 내가 감당할 수 있는 수준인지, 아닌지 판단해보고 감당할 수준이라면 감당해보는 것이지요. 마음을 가다듬고, 생각을 바꿔보고, 노력해보면 어떨까요?"

"네, 저도 그게 좋을 것 같아요."

그렇다. 우울감을 아예 없애는 것보다 우울감을 어디까지 감당할 수 있는지, 우울감을 감당할 수 있는 폭을 어떻게 넓힐 수 있는지가 더 중요하다. 우울감을 감당할 수 있는 폭을 어떻게 넓힐 수 있을까? 가장 기본적인 방법은 어느 정도의 우울감을 인정하는 것이다. 몸이 한 군데도 아프지 않은 사람이 있는가? 몸이 조금이라도 불편하지 않은 사람이 있는가? 그런 사람은 없다. 시력이 좋지 않든, 발바닥이 아프든, 소화가 잘되지 않든, 혈압이 높든, 변비가 있든, 야뇨증이 있든, 탈모가 있든 누구나 아프거나 불편한 부분이 있다.

마음도 마찬가지다. 조금이라도 우울하지 않거나, 불안하지 않거나, 걱정되지 않거나, 의욕이 없거나, 신경이 쓰이지 않는 사람은 없다. 어느 정도의 우울감은 누구에게나 있으며 그것을 인정하는 것이 우울감에 대처할 수 있는 첫 번째 자세다. 우울감을 부정하거나 억누르면 오히려 악화시킬 수 있다.

뇌과학적인 관점에서 우울증은 뇌 속 신경전달물질의 불균형으로 인해 발생하는 질환이다. 뇌에는 감정과 밀접한 연관이 있는 몇 가지 신경전달물질이 있다. 세로토닌(Serotonin)은 기분을 좋게 하고, 도파민(Dopamine)은 동기를 부여하고, 노르에피네프린(Norepinephrine)은 집중력을 향상시키는 역할을 한다. 그런데 우울할 때 자신이 우울하다는 감정을 부정하거나 억누르면 뇌의 이러한 물질들의 분비가 감소한다고 한다. 우울한 기분을 인정하지 않고 억제하려고만 할 때 기분이 더 나빠지고, 동기가 저하되고, 집중력이 떨어진 경험이 있다면 바로 이 때문이다.

엎친 데 덮친 격으로 우울감을 느끼는 것을 부정하거나 억누르면 스트레스도 증가한다. 스트레스는 뇌의 신경전달물질인 코티졸(Cortisol)의 분비를 증가시킨다고 한다. 코티졸은 단기적으로는 에너지를 증가시키고, 면역력을 향상시키는 역할을 하지만 장기적으로는 뇌의 신경세포를 손상시킨다고 알려져 있다.[39] 따라서 스트레스가 증가하면 코티졸의 분비가 촉진되며, 이는 우울증을 악화시키는 원인이 될 수 있다. 우울감을 억누르려 하지 않고 허용하고 인정하는 마음이 중요한 이유다.

우울한 감정을 억제하고 숨기려 하지 말자. 자신이 우울한 상태에 있을 땐 '내가 지금 우울한가 보다' 하고 인정하는 자세를 취하자. 그리고 그 우울한 마음과 느낌을 자연스럽게 표현해보자. 주위 사람에게 털어놓아도 좋고, SNS에 올려도 좋다. 짧은 글을 써보는 것도 도움이 된다. 미국 텍사스대학교 오스틴 캠퍼스 심리학과 교수 제임스 펜베이커가 발표한 논문에 따르면, 글쓰기를 통한 감정 표현은 감정 조절, 스트레스 감소, 면역 기능 강화, 통증 관리 등에 긍정적인 영향을

줄 수 있다고 한다.[40]

또, 음악이 도움이 될 수도 있다. 호주 퀸즈랜드대학교 음악심리학과 교수 에머리 슈버트의 연구에 의하면, 우울한 음악을 듣는 것이 우울한 감정을 공감받고 해소하는 데에 도움이 된다고 한다. 또한 우울한 음악을 청취하는 것이 우울한 사람들의 우울한 감정을 완화시키고 정서적인 변화를 일으킬 수 있다.[41]

우울한 감정 자체를 버거워하는 사람도 있다. 하지만 우울감을 허용하고 인정하고 자연스레 표현하다 보면 다시 우울감이 찾아와도 의연하게 흘려보낼 수 있다. 슬픈 노래를 들어도 좋고, 슬픈 영화를 봐도 좋고, 슬픈 글쓰기, 슬픈 노래를 불러도 좋다. 마음을 그대로 표현하는 것이 좋다.

나는 우울하고 슬픈 느낌이 들 땐 억지로 신나는 음악을 듣지 않는다. 슬픈 감정에 맞는 슬픈 음악을 듣는다. 윤종신의 〈오래전 그날〉, 푸른하늘의 〈7년간의 사랑〉, 이선희 〈인연) 등을 주로 듣는다. 이런 음악을 듣고 있으면 공감받는 느낌, 이해받는 느낌이 든다. 내가 나의 우울한 감정에 더 몰입되도록 도와준다. 그렇게 슬픈 감정에 흠뻑 빠지는 만큼 더 빨리 털어낼 수 있다. 슬플 땐 슬픈 음악을 들어야 하는 이유다. 우울할 땐 우울한 감정에 몰입하면 좋은 이유다.

슬픈 감정을 피하지 말고 그 감정에 흠뻑 취해보자. 내가 내 감정을 온전히 느끼도록 도와주자. 슬픈 감정을 잘 다스리고, 우울한 감정에 잘 대처할 수 있는 방법이다. 그렇게 우울한 감정과 함께 살아가는 법을 익히자. 우울감은 없앨 수 있는 대상이 아니라 함께 살아가고 다루어야 하는 대상이다.

사람은 자신만의 공간에서
재충전하는 시간이 필요하다

혼자 지하철역을 향해 걸어가는 길에 문득 옆을 보니 나와 걷는 속도가 비슷해서 나란히 걸어가다시피 하는 사람이 있었다. 물론 일부러 의도하지는 않았을 것이다. 하지만 왠지 모르게 기분이 좋지 않았다. 모르는 사람과 함께 걷고 있는 것 같은 느낌이 불편해서 속도를 좀 더 높여 격차를 내기 시작했다. 그제야 불편감이 좀 풀렸다. 여러분도 가끔 이런 적 있지 않은가? 낯선 사람과 걷는 속도가 같아 의도치 않게 함께 걸어가는 듯한 상황. 왠지 불편하고 찝찝했던 경험 말이다. 우리는 왜 이런 상황에서 불편감을 느낄까?

영국 링컨대학교에서 연구 중인 심리학자 안나 프론비저 박사는 '개인 공간 침범이 보행 속도와 방향에 미치는 영향'에 대해 연구했는데, 걷는 동안 개인적 공간이 침범되었다고 느낄 때 사람들은 더 빠르게 걷는 경향이 있음을 발견하였다. 또한, 주위에 보행자들이 많을수록 보행 속도와 방향이 크고 빠르게 변화한다는 점을 발견하였다.[42] 우리는 우리가 걷는 동안에도 개인적 공간을 소중해하기 때문에 침범받는 것 같으면 불쾌해하고 불편해할 수 있다.

미국의 심리학자이자 건축학자인 로버트 소머는 그의 저서 《개인적 공간(Personal Space)》에서 개인적 공간의 중요성에 대해 다음과 같이 강조했다.

"개인적 공간은 다른 사람들과의 적절한 거리 유지를 통해 갈등이나 스트레스를 예방하는 역할을 한다. 개인 공간의 부재는 심리적으로 부정적 영향을 미칠 수 있다. 다른 사람들과 과도한 접촉을 하거나 개인 공간이 침범당했다고 느낄 때 심리적 불편감, 스트레스, 긴장감 등을 경험할 수 있다. 이는 심리적 안녕감을 저해하고 사회적 상호작용에 부정적인 영향을 끼친다."

이처럼 우리 삶에서 자신만의 공간, 자신만의 시간은 우리에게 반드시 필요하다. 개인적 공간은 개인적 공간 이상의 의미가 있는 것이다.

사람은 저마다 자신이 좋아하는 공간이 있다. 집 안의 다락방일 수도 있고, 창고의 구석일 수도 있다. 집 뒤쪽 한적한 산책길일 수도 있고, 회사의 옥상일 수도 있다. 그곳에서 우리는 편안함, 여유로움, 안정감을 느낀다. 가기만 하면 힐링이 되는 듯한 기분이 드는 곳, 그런 곳은 누구에게나 있다. 그런 곳은 누구에게나 필요하다.

생각해보면 나도 어릴 때 그런 공간이 있었다. 내가 살던 집에는 조그만 다락방이 있었다. 부엌에서 사다리를 타고 올라가면 그곳에 닿을 수 있었다. 집 안의 온갖 잡동사니를 모아두는 곳이었다. 그곳에는 작은 창도 있었다. 작은 창을 통해 밖을 내다보곤 했다. 우리 집은 달동네처럼 높은 곳에 위치해 있었기 때문에 전망이(?) 꽤 괜찮았다.

그렇게 작은 창을 통해 밖을 바라보고 있으면 마음이 편안했다. 마음이 편해지며 아랫배가 살짝 아파서 화장실에 가고 싶은 느낌, 참 신비롭고도 기분 좋은 느낌이었다. 그렇게 혼자만의 공간에서 혼자만의 느낌, 생각, 감정에 빠져들 수 있었다. 아무에게도 방해받지 않는 느낌, 모든 자유가 허락된 느낌, 세상과 나만 존재하는 느낌이었다. 지금도 그때를 떠올리면 기분이 좋아진다.

지금은 안방의 발코니가 그런 역할을 하고 있다. 최근에 확보한 나만의 공간이다. 전에는 안방과 연결된 발코니에 잡동사니를 쌓아두었다. 너무나 지저분하고 볼 때마다 정신이 없어 항상 문을 닫고 있었다. 들어갈 엄두조차 나지 않았던 공간이다. 얼마 전 큰마음을 먹고 그 공간을 싹 치우고 조그만 탁자와 의자를 들여놓았다. 분위기도 낼 겸 조명도 하나 갖다 두었다. 밤에 맥주 한 잔을 마시며 잠시나마 시간을 보낸다. 창밖으로 펼쳐지는 야경을 바라본다. 야경이래 봤자 아파트 놀이터와 탄천 산책로 일부가 보이는 게 전부이지만 혼자만의 공간에서 있을 수 있다는 사실만으로 힐링되는 기분이다.

자신만의 공간을 갖는 것은 심리에도 긍정적 효과가 있다. 미국 소비자 심리학 분야의 권위적 연구자인 로버트 벨크 박사는 '소유와 확장된 자아'라는 주제로 연구를 수행했다. 소유와 확장된 자아란 어떤 물건을 소유하고 있는 것을 통해 이를 자신의 일부분, 즉 확장된 자아로서 인식하거나 표현하는 심리적 현상을 말한다. 즉, 자신만의 공간과 물건들을 소유하고 관리함으로써 자신의 개성과 정체성을 더욱 강화하고자 하는 경향이 있는 것이다. 자신만의 공간을 형성하고 유지하는 것은 심리적 안정감을 줄 뿐만 아니라 자신의 정체성과 개성을 표현하는 데 도움이 된다. 공간에 개인의 취향과 성향을 반영하는 물건들을 두면서 자아를 표현하고자 하는 욕구를 충족시킬 수 있기 때문이다.[43]

"자신만의 공간에서 조용히 존재하는 것은
최고의 치유다."

영국 소설가 버지니아 울프가 그녀의 에세이 《자신만의
방(A Room of One's Own)》에서 한 말이다. 그녀 역시 자신만
의 공간에서 지내는 것을 치유의 방법으로 표현했다.

당신의 오늘 하루는 어땠는가? 지치고 힘든 일이 있었다
면 자신만의 공간에 잠시 머물러 보는 건 어떨까? 집 안의 발
코니, 자신의 방, 집 앞 공원, 회사의 탕비실 등 어디든 상관
없다. 그곳에 잠시 머무르며 힘들었던 자신의 마음을 잠시
치유해보면 좋겠다.

웃으면
실제로 기분이 좋아진다

당연한 말이지만 기분이 좋으면 웃음이 절로 나온다. 그리고 웃으면 기분이 또 좋아진다. 웃으면서 좋은 기분을 더 북돋는 것이다. 기분 좋은 일이 있다면 마음껏 웃고 마음껏 표현해야 하는 이유다. 웃으면 기분이 좋아지는 이유는 뭘까? 뇌과학적 관점에서 살펴보면 다음과 같다. 미국 캘리포니아대학교 어반 캠퍼스 심리학과 교수 레나트 버크가 진행한 연구에 따르면, 웃는 동안 뇌에서는 쾌락과 기쁨을 조절하는 신경전달물질인 도파민과 엔도르핀의 분비가 촉진되는데 이는 웃음이 보상 체계와 관련된 신경회로를 활성화한다. 우리가 웃는 동안 기분이 더 좋아지고 즐거워지는 이유는 도파민과 엔드로핀이 더 많이 분비되기 때문이다. 이런 의미에서 도파민과 엔드로핀은 행복의 물질이다. 그렇다면 기분이 별로이거나 좋지 않은 상태에서는 어떨까? 억지로 웃어도 기분이 좋아질까? 정답은 '그렇다'이다.

심리학에는 '안면 피드백 가설(Facial Feedback Hypothesis)'이라는 이론이 있다. 심리학자 실반 톰킨스는 한 실험에서 참가자들에게 억지로 웃는 표정을 유지하도록 지시한 후 그들의 기분 변화를 측정하였다. 그 결과, 억지로 웃는 표정은 기분을 일시적으로나마 개선하는 데 도움이 되었다.[44] 억지로라도 웃거나 웃는 표정을 짓는 것이 기분을 어느 정도 긍정적으로 바꿀 수 있다는 얘기다.

또, 독일의 뷔르츠부르크대학교 심리학과 프리츠 슈트락 교수가 진행한 '미소의 억제 및 촉제 조건'이라는 연구에서도 이와 같은 바를 확인할 수 있다. 연구진들은 실험 참가자들을 두 그룹으로 나누어 펜을 가로로 입에 물고 각각 다른 표정을 짓도록 했다. 하나는 웃는 표정이고 다른 하나는 찡그린 표정이었다. 이후 참가자들이 만화를 보며 재미의 정도를 평가하도록 하였다. 그 결과, 웃는 표정을 유지한 참가자들이 만화를 더 재미있다고 평가하였고, 찡그린 표정을 유지한 참가자들은 덜 재미있다고 평가했다.[45] 같은 만화를 봐도 어떤 표정을 짓고 있느냐에 따라서 느끼는 재미와 감정이 달라진 것이다. 이는 표정에 따라 감정이 만들어질 수 있음을 의미한다.

이러한 내용을 따른다면, 반드시 기분이 좋아야만 웃을 수 있는 것은 아니다. 그냥 웃기만 해도 기분은 좋아질 수 있는 것이다. 웃으니까 행복한 것이다. 행복해지기 위해서는, 좋은 감정을 느끼기 위해서는 잠시라도 입에 볼펜을 물어보자. 그렇게라도 억지로라도 웃어보자. 그렇게라도 기분이 좋아져 보자. 그렇게라도 행복해져 보자.

내가 심리상담사로 근무했던 한 군부대에서는 매일 아침 체조 시간에 한 가지 특별한 의식(?)을 치렀다. 아침 체조를 한 뒤 큰 소리로 "하하하하" 하며 웃는 것이었다. 처음에는 그런 모습을 보며 '왜 저러지?' 했다. 그런데 지금은 알 것 같다. 그렇게라도 웃으면 기분이 좋아질 수 있다는 사실을 그들은 알고 있던 것이다. 아무 일 없는 아침이어도 웃으면서 기분 좋게 시작할 수 있다.

기분 좋은 일이 없는가? 웃을 일이 없는가? 그럼 그냥 웃어보자. 지금 당장 기분이 좋아지는 방법이다. 소리 내기 힘든 상황이면 표정이라도 입꼬리를 올려보자. 기분이 좀 좋아지는 것 같지 않은가? 신기하지 않은가? 나 역시 일상에서 순간적으로 괴롭고 힘든 상황이 닥치면 억지로라도 웃는 표정을 지어보려 노력한다. 그럼 기분이 당장 좋아지는 수준까지는 아니더라도 기분 나쁜 감정이 조금은 덜해지는 것을 느낀다. 짜증을 내거나 후회할 만한 행동을 하는 것에 자제력이 생긴다.

미국의 종교인이자 유명 작가였던 노만 필은 그의 책《긍정적 사고의 힘(The Power of Positive Thinking)》에서 다음과 같이 말했다.

"억지로라도 웃고 억지로라도 긍정적 태도를 유지하는 것은
내면의 힘과 외부 세계의 에너지를
조화시키는 방법 중 하나다.
자신에게 긍정적 생각을 주입하고,
웃음을 잃지 않도록 노력하라.
그러면 기적은 일어날 것이다."

일리 있는 말이다. 웃으면 기분이 좋아지고 더 큰 행복감을 느낄 수 있다. 그를 통해 의지가 생긴다면 목표를 달성할 가능성이 그만큼 커지지 않겠는가? 여기에 노력과 운이 따라준다면 금상첨화다. 그런 의미에서 웃음은 성공의 첫 단계라는 생각이 든다. 성공하고 싶다면 지금 바로 웃어보자.

만일 요즘 일이 잘 풀리지 않고 힘든 일만 가득하다면 억지로라도 한번 웃어보자. 소리 내어 웃기 힘들다면 웃는 표정이라도 지어보자. 순간 기분이 달라지는 것을 느낄 수 있을 것이다. 그건 가짜 기분이라는 생각이 드는가? 그래서 망설여지는가? 그것이 무슨 상관인가? 그렇게라도 기분이 좋아

져서 일을 성공적으로 잘 수행한다면 기분은 진짜로 좋아질 텐데 말이다. 가짜 웃음으로 시작해서 진짜 좋은 기분으로 끝낼 수 있다. 기분 좋은 일이 없어서 웃을 일이 없다면, 웃어서 기분 좋은 일을 만들자. 속는 셈 치고 한번 해보자. 나도 지금 웃고 있다.

중요한 건
사과하는 방법을 아는 것

30대 초반의 남성 Q씨는 최근에 3년 동안 사귀어 왔던 여자
친구와 헤어졌다. 그에게 헤어진 이유에 대해서 물어보자,
정확히는 여자친구에게 이별 통보를 받은 것이었고, 자신은
한 달 뒤에 다시 연락해볼 생각이라고 했다.

"무슨 일 때문에 그런 것인지 여쭈어봐도 될까요?"

"제가 어떤 잘못을 했는데요. 제가 왜 그렇게 할 수밖에
없었는지 설명을 하고 빨리 그 상황을 끝내려 했습니다. 저
는 그렇게 상황이 진지하고 무거워지는 것이 싫었거든요."

Q씨는 어떤 상황이 무거워지고 진지해지는 것을 꺼리는 성향 때문에 자신이 잘못한 것을 알면서도 '미안하다'는 표현을 잘하지 않았다. 미안함을 표현하는 순간, 상황과 분위기가 무거워진다고 느꼈기 때문이다. 그래서 미안하다는 말 대신 자신이 왜 그럴 수밖에 없었는지 설명하는 것으로 그 상황을 빨리 넘어가길 바랐다. 속으로는 미안한 마음이 있었지만 용서를 구하면 상황이 무거워지는 것을 피할 수 없으니 아예 용서를 구하지 않은 것이다.

그 얘기를 들으니 '나름 이유는 있었구나' 하는 생각은 들었다. 하지만 문제는 상대방의 마음이었다. 상대방은 이런 마음과 의도를 알 리가 없었다. 잘못을 했으면 사과하면 될 것을 자신이 왜 그렇게 할 수밖에 없었는지 설명부터 하려는 남자친구가 밉고 괘씸했을 것이다.

사실 생각해보면 나도 비슷한 경험이 있는 듯하다. 실제로는 내 잘못이라고 생각한다. 그런데 좀처럼 인정을 하기가 어렵다. 인정하는 순간 상황이 무거워지고 너무 진지해지고,

분위기가 안 좋아질 것 같아서였다. 내가 진지하게 미안하다고 하고, 상대방도 그것을 진지하게 받아들이는 상황 자체가 나에게 부담스럽게 느껴질 수 있기 때문이다. 그런데 여기엔 앞서 말했듯 함정이 있다. 상대방은 그렇게 생각하지 않을 수 있다는 것이다. 내가 하는 설명이 상대에겐 변명으로 들릴 뿐이다. '미안하다', '잘못했다'는 사과 한마디면 될 것을 그 한마디를 못 하는 마음 때문에 상대를 더 화나게 만들고 상황을 더 악화시킬 수 있다.

입장을 바꿔서 생각해보자. 미안하다고 사과하고 용서를 구할 만한 상황에서 상대가 사과 없이 변명 같은 설명만 한다면 어떤 기분이 들겠는가?

네덜란드 틸뷔르흐대학교 경제·심리학과 교수 마르셀 제렌베르크는 '기대한 것과 실제 발생한 결과의 차이에서 느껴지는 감정'이라는 주제로 연구를 진행했다. 연구결과에 의하면, 기대와 실제 결과 간의 불일치가 크면 클수록 더 큰 후회와 실망을 느낄 가능성이 크다고 한다. 기대와 달리 사과를 받지 못하거나 오히려 변명을 들은 상황에서는 기대와 현실의 불일치로 인해 더 큰 후회와 실망을 느끼는 것이다.[46]

당연히 사과받을 줄 알았는데 사과를 받지 못한다면 그만큼 더 큰 실망과 분노를 발생시킬 수 있다는 말이다. 당신이 생각하기에도 당신이 잘못한 부분이 있고, 사과할 만한 상황이라면 일단 사과를 해야 하는 것이다. 그렇지 않은가? 미안한 마음을 처음 표현하는 것이 어렵지, 일단 표현만 하면 '하길 잘했다'고 느꼈던 경험들이 꽤 있을 것이다. 사과를 먼저 하는 사람의 만족감도 높을 수 있다.

미국 오하이오주립대학교 경영학 교수 로버트 르윅키의 연구에 따르면, 자발적으로 먼저 사과를 하는 사람들은 사과를 하지 않은 사람들보다 대인관계에서의 만족감이 더 높다고 한다. 진정성 있는 사과를 할수록 상대방으로부터 신뢰를 회복하고 상호 이해를 높일 수 있는 효과가 있다고 한다.[47]

속으로는 이미 당신도 사과를 하고 싶을지도 모른다. 미안해하는 마음을 표현할 의사가 있다. 하지만 좀처럼 쉽게 되지 않는다. 이유는 여러 가지일 수 있다. 당신이 먼저 사과를 받고 싶을 수도 있다. 괜히 망설여질 수 있다. 타이밍을 놓쳤다고 생각할 수도 있다. 이미 사과할 타이밍이 지난 일 같아서 사과하는 것이 더 쑥스러울 수도 있다. 상대에게도 잘못이 있는 것 같은데 자신이 먼저 사과한다면 모든 것이 자기 잘못이라고 하는 것처럼 여겨질 수도 있다. 이유가 어찌 되었든 어떤 방법으로든 당신의 솔직한 마음을 표현하는 것이 중요하다.

일단 시작하면 된다. 첫마디를 '미안해'로 시작하는 것이다. 나머지는 알아서 된다. 나도 방금 책의 이 부분을 쓰면서 아내에게 카톡으로 '미안해'라고 보냈다. 지난 주말에 사소한 다툼으로 이틀 동안 대화를 하고 있지 않은 상황이다(그 뒤는 알아서 되겠지). 일단 첫 마디만 내뱉으면 나머지는 뒤따라온다. 첫 시작이 어려운 것이지 중간과 마무리는 저절로 딸려온다. 사과하고 싶은 사람, 미안하다고 말하고 싶은 사람이 없는가? 아마 한 명도 없지는 않을 것이다. 살아가며 미안함을 느끼게 되는 사람은 주위에 항상 있으니 말이다. 우린 누구군가에게 항상 고마워하고, 항상 미안해하는 존재이니까, 그것이 사람이고 그것이 사람이 살아가는 모습이니까 말이다.

베스트셀러 작가 로빈 샤마는 그의 저서《아침 5시 모임 (The 5 AM Club)》에서 다음과 같이 말했다.

"사과는 나약한 행동이 아니라
가장 용기 있는 선택이다."

미안한 일을 한 것에 대해 부끄러워할 필요는 없다. 미안한 일을 하고도 사과하지 않는 모습은 더욱 부끄럽고 후회할 만한 행동이 될 수 있다는 것을 기억하자.

상대에게
선택권을 주는 것의 효과

하루는 인터넷 TV 상담원으로부터 전화를 받았다.

"안녕하세요. 최정우 고객님 맞으시죠? 반갑습니다. 고객님, 저희가 오늘부터 특별히 두 달 동안 프리미엄 채널을 무료로 보실 수 있는 혜택을 드리고 있습니다. 프리미엄 채널에 들어가셔도 결제창이 삭제되어 해당 유료 프로그램을 무료로 보실 수 있도록 저희가 해드릴 것이고요. 매달 VOD 무료 시청권 5천 원을 드릴 예정입니다. 그리고 두 달 뒤에 저희가 전화를 드려서 가입을 계속 유지하실 것인지 물어보고

만약 싫으시다고 하면 그때 가서서 해지 요청을 하시면 됩니다. 그런데 저희가 전화로 진행하는 업무이다 보니 주소를 먼저 여쭤봐야 할 것 같은데요. 고객님 주소가…"

"아니, 근데, 저기 있잖아요. 주소를 물어보시기 전에 제가 설명하신 행사 혜택을 받을 건지, 말 건지를 먼저 물어보셔야 하는 것 아닌가요?"

"아, 행사 참여 안 하실 건가요?"

"네, 안 할 건데요?"

나는 그 상담원이 내 의사를 물어보지도 않고, 나의 행사 참여를 기정사실화하고, 다음 단계로 점점 몰고 가는 태도가 기분 나빴다. 왜 기분이 나빴을까? 나의 선택권이 빼앗겼기 때문이다. '이런 행사가 있는데 한번 참여해보시겠습니까?'라고 먼저 물어봐줬다면 그렇게까지 기분이 나쁘진 않았을 것 같다. 어차피 두 달은 무료이니 참여해보겠다고 했을 수도 있을 것 같다. 하지만 상담원의 일방적 행사 참여 유도와 나의 선택권 박탈로 이미 기분이 좋지 않았다. 나는 선택권 박탈에 왜 그리 기분이 상했을까?

미국 로체스터대학교 심리학과 교수 에드워드 데시가 진행한 연구에 따르면, 선택권을 빼앗는 것은 통제감을 감소시킬 수 있고 이런 상황이 지속될 경우, 자아효능감과 자율성을 떨어뜨리고 이는 무력감, 우울감을 증가시키는 원인이 될 수 있다고 하였다.[48] 또한, 벨기에 헨트대학교 심리학과 교수 마르텐 반스텐키스테가 '자기결정이론'과 관련해서 수행한 연구에 따르면, 자율성은 인간에게 중요한 심리적 가치로 여겨지며 선택권이 제한되어 부당하다고 느낄 경우, 반발심을 불러일으킬 수 있다고 하였다. 더 나아가 타인이 선택을 부당하게 제한한다고 느낄 때 분노, 저항, 불안 등의 부정적 감정을 느낄 수도 있다고 하였다.[49]

위의 설명에 따르면 상담원의 태도에 내가 왜 이리 기분이 나빴는지 짐작이 간다. 선택권, 통제감을 뺏겼다는 느낌을 받았기 때문인 것이다. 비슷한 경험이 있다. 나, 어머니 그리고 딸과 함께 집 근처 중국집에 갔을 때의 일이다.

"짜장면 2개, 짜장밥 1개 주시겠어요?"

"그냥 짜장면은 아기가 매워해서 못 먹어요. 간짜장으로 바꿀게요."

"네?"

황당하고 짜증이 났다. '주문을 하는 사람은 나인데 왜 자기 맘대로 주문을 바꾸지?' 물론 의도는 이해가 갔다. 그분의 말마따나 아기가 매워할까봐 그랬을 텐데, 그래도 순서가 잘못된 것 아닌가? 상황을 설명하고 나에게 물어봐야 했던 것 아닐까? 이때도 나는 내 선택권이 빼앗긴 것 같은 느낌을 받았다. 내 선택권이 존중받지 못한 느낌이 들었다. 음식을 시키는 사람도 나였고, 그 음식을 먹을 사람도 나였고, 돈을 낼 사람도 나였다. 그 과정에서 점원이 나의 선택권을 빼앗아갔다는 느낌이 기분을 상하게 했다.

"그냥 짜장은 아기가 먹기가 매울 텐데 괜찮으시겠어요?" 또는 "저희 집 짜장은 아기가 먹기에는 매울 수 있거든요. 간짜장이 맵지 않은데 바꿔 드릴까요?"

이렇게 물어보지 않은 점원이 원망스러웠다. 반발심이 생겨서였을까? 오기가 발동해서였을까? 일방적으로 주문을 바꾼 점원을 향해 이렇게 말했다.

"아뇨. 됐어요. 그냥 짜장면 주세요."

결국 우리 셋은 일반 짜장으로 먹었다. 근데 진짜로 조금 맵기는 해서 딸은 그만 먹고 집에 가서 밥을 먹었다.

어쨌건 인간에게서 자율권, 선택권을 뺏는 건 그 이상의 것을 빼앗는 것이다. 좋은 기분, 유쾌한 기분을 빼앗아가는 것이다. 그만큼 인간에게 있어 선택권, 자율권은 중요하다. 이런 경험들이 있는 나는 집에서 딸에게 심부름을 시킬 때 '선택권을 상대에게 넘겨주는 방법'을 활용한다.

① "세령아, 저기 있는 포크 좀 가져와."
② "세령아, 저기 있는 포크 좀 가져다줄래?"

예전 같으면 1번처럼 말했다. 지금은 2번처럼 말한다. 왜 그럴까? 자율감 때문이다. 1번의 표현을 들었을 때 딸의 입장에서는 선택의 여지가 없다. 포크를 가져다줘야 하는 의무감만 생긴다. 하지만 2번의 표현방식은 다르다. 포크를 가져다줄 것인지, 말 것인지 자신이 선택할 수 있는 폭이 생긴다. 딸아이의 입장에서는 그만큼 선택의 범위가 넓어진 것이다. 선택의 자율성을 보장받은 느낌일 것이다. 어차피 포크를 가져다주긴 하겠지만 그래도 더 기분 좋게 가져다줄 수 있다. 이렇게 어린아이에게도 선택권, 자율성은 본능적으로 중요하게 다가올 수 있다. 아이도 이런데 어른은 말할 것도 없다.

미국의 법관이었던 루스 긴스버그는 여성의 권리와 인권을 옹호하는 데 중요한 역할을 인물로 알려져 있다. 그녀 역시 선택권의 중요성을 강조했다.

"선택권이 없다면
우리는 더 이상 자유로운 존재가 아니다."

상대방에게 무엇인가를 부탁, 요청, 설득, 명령을 할 때는 이왕이면 그가 느끼는 자율감, 선택권을 빼앗지 않는 범위 내에서 하는 것이 효과적이다. 사소하지만 매우 중요하고 민감한 요소일 수 있다. 똑같은 말이라도 어떻게 하느냐에 따라서 상대방이 자신에게 선택권이 있다고 생각할 수도, 없다고 생각할 수도 있다. 그나저나 TV 프리미엄 채널 두 달 무료 이용권이 아깝긴 하다. 내일 전화해서 행사 신청을 해볼까? 다른 상담원분이 전화를 받았으면 좋겠다.

실수하더라도
나 자신을 이해하고 용서하는 태도

20대 중반 남성 P씨는 이등병 당시 자책감으로 인해 괴로워했던 사람이다. 그는 본래 주위 사람에게 피해를 주는 것을 극도로 꺼리는 성향이었다. 자그마한 폐를 끼치는 것도 스스로 용납하지 못했는데, 그에게는 잠잘 때 코를 고는 버릇이 있었다. 그 때문에 같은 생활관 동기들에게도 불평을 자주 들었다. 그는 주변 사람들에게 미안해하는 수준을 넘어서 자신이 타인에게 피해를 주고 있다는 사실에 몹시 죄책감을 느끼고 불안해했다. 그로 인해 사람들이 자신을 바라보는 시선이 더 안 좋아질 것을 두려워했다. 어떻게 하든 방법을 찾아

주위 사람들에게 피해를 주고 싶지 않은 마음이었다. 일부러 다른 사람들보다 30분에서 1시간 정도 늦게 잠을 청했다. 그러던 어느 날, 눈만 감은 채 다른 사람들이 잠들기를 기다리고 있을 때였다. 다른 몇몇 사람들이 자신에 대해 험담을 하는 소리가 들려왔다.

"야, 쟤 잘 때 코 고는 소리 때문에 진짜 미치겠다. 진짜 어떻게 좀 해버리고 싶다."

이 말을 듣고 그는 그날 거의 잠을 이루지 못했다. 그 이후 모든 사람이 온통 자신을 욕하는 것 같고 자신을 부정적으로 쳐다보는 것 같았다. 잘 때 코를 크게 고는 자신이 원망스러웠다. 걱정과 불안감이 있는 상태에서 잠이 드니 잠을 자도 제대로 자지 못했다. 그렇게 장기간 숙면을 취하지 못하다 보니 심리적, 육체적 피로도 가중되었다. 그로 인해 우울감, 무기력감, 예민함, 짜증감 등이 상승하였다.

급기야 그는 '내가 다른 사람에게 피해를 주고야 말았어.

난 정말 형편없는 사람이야, 나는 이곳에 있을 필요가 없는 사람이야'라는 자책을 반복하다 자살까지 생각하게 되었다.

정상적인 사람이라면 누구나 타인으로부터 피해를 입고 싶어하지 않고, 타인에게 피해를 끼치고 싶어하지 않는다. 하지만 우리가 살면서 타인에게 정말 전혀 피해를 주지 않으며 살 수 있을까? 살면서 본의 아니게 다른 사람에게 피해를 주게 되는 경우는 얼마든지 있을 수 있다. 누군가를 위로해 주려 했던 말이 그 사람에게는 오히려 상처를 준 적도 있었다. 우리 집 강아지가 산책길에 다른 강아지를 보고 덤벼들어 그 강아지를 물어 다치게 한 적도 있었다. 물론 그런 피해가 처음부터 없었더라면 가장 좋겠지만 그것이 현실적일까?

힘들어하고 있는 누군가의 마음을 애써 모른 척하고, 우리 집 강아지를 아예 밖으로 데리고 나가지 말아야 할 것인가? 그것은 아니다. 타인에게 피해를 주는 사례가 있었다면, 그에 대해 진심으로 미안해하고, 죄송해하고, 필요하다면 적절한 보상조치를 해야 한다. 앞으로는 그만큼 조심하고, 다시는 똑같은 일이 생기지 않도록 노력하고 주의하는 것, 그것이 가장 현실적이고 중요한 대처 방법이 아니겠는가?

실존주의 철학자 알베르 카뮈는 행동의 절대적 책임을 강조했다.

"때로는 우리의 행동이 우리의 의도와는 다르게 작용할 수 있다. 우리는 예측하지 못한 결과를 초래할 수 있고, 때로는 다른 사람에게 피해를 입힐 수도 있다. 이러한 상황에서도 우리는 그 행동에 대한 책임을 져야 한다."

우리가 살아가며 우리가 의도했던 대로만 행동이 나오고, 결과가 나오고, 타인이 반응해준다면 더할 나위 없이 좋을 것이다. 하지만 현실은 그렇지 않다. 의도하지는 않았지만 누군가에게 피해를 주는 경우도 생기고, 의도하지는 않았지만 누군가의 오해를 사는 일도 생긴다. 그것은 어쩔 수 없는 일이다. 대신 그에 따라 책임을 져야 할 부분이 있다면 적극적으로 책임을 지고 필요한 조치를 하는 것이 최선이다.

그 과정에서 자신을 비난하는 태도는 자신을 더욱 힘들게 할 뿐이다.

반대로 우리도 누군가로부터 의도치 않은 피해를 받을 때가 있다. 중요한 것은 우리가 살면서 타인에게 전혀 피해를 주지 않는 것이 아니라 의도치 않게 피해를 주게 되었을 때 그것에 대해 진심으로 미안해하고 똑같은 피해가 반복되지 않도록 노력하고 행동하는 것이다. 그것이 현실적이고 더 중요한 태도이다.

P씨도 마찬가지다. 자신이 코를 고는 것은 자기가 골고 싶어 고는 것이 아니다. 의도치 않게 피해를 주고 있는 것이다. 물론 의도하지 않는 피해는 줘도 괜찮다는 의미가 아니다. 어쩔 수 없이 피해를 주는 경우라면, 그 상황에 대해 진심으로 미안해하고, 미안한 마음을 진심으로 전달하고, 그러한 문제를 해결할 수 있는 방법을 찾고 노력하고 행동하는 것이 중요하다는 의미다. 자신을 향한 죄책감이 심해질 경우, 심리적·육체적 부작용을 불러일으킬 우려도 있다.

미국의 심리학자 로이 바우마이스터가 진행한 연구에 따르면, 지나친 죄책감은 우울감, 불안, 자기처벌, 대인관계 등의 문제와 연관돼 있다.[50] 또, 미국 텍사스대학교 심리학과 교수 손야 스푸어가 수행한 연구결과에 따르면, 죄책감은 수면 부족, 식욕 변화, 체중 변화와 같은 문제와 연관돼 있다.[51]

다시 말하지만, 살면서 누구나 의도치 않게 타인에게 피해를 줄 수 있다. 그것이 악의를 가지고 한 것이 아니었다면 진심으로 미안해하고 같은 일이 발생하지 않도록 노력하면 된다. 그러니 너무 죄책감을 갖지는 않았으면 좋겠다. 그런데 죄책감을 없애는 것이 말처럼 쉽지는 않다. 얼굴에 붙였던 마스크 팩을 떼어 내는 것처럼 죄책감도 쉽게 떼어 낼 수 있다면 얼마나 좋을까? 죄책감을 다룰 수 있는 효과적인 방법 몇 가지를 소개한다.

미국 조지메이슨대학교 심리학과 교수 준 탱니는 '자신에게 긍정적으로 말하기(Positive Self-Talk) & 스스로 동기부여하기(Self-Motivation)'가 죄책감을 덜어내는 데 효과적임을 밝혀냈다.[52] 구체적 방법을 소개하면 다음과 같다.

1단계, 먼저 자신을 인정하고 이해하려고 노력하는 단계다. 자신이 의도치 않게 그런 피해를 끼쳤다는 사실을 인정하는 마음을 갖는 것이다. 자신에 대해 부드럽고 이해심 있는 마음을 가져야 한다. 이런 자신을 스스로 먼저 받아들이지 않으면 누가 자신을 받아들일 것인가? 자기를 용서해보려는 노력을 시작하는 단계이다.

2단계, 자신에게 긍정적인 말을 실제로 해보는 단계이다. 스스로에게 하는 말은 우리의 생각과 태도에 실제로 영향을 미친다. 죄책감을 다룰 때는 자신에게 부정적인 말 대신 긍정적인 말을 하는 것이 효과가 있다. 앞서 나온 P씨 사례를 예로 들면 다음과 같다.

"내가 잘 때 코를 골아 본의 아니게 주위 사람들에게 피해를 주었다. 하지만 그럴 수 있다. 그만큼 나는 진심으로 미안해하고 있고 똑같은 피해를 주지 않도록 노력을 시작했다.

나 자신을 너무 나무라지 말자."

이처럼 자신에게 격려와 지지의 말을 하고, 자신의 태도와 마음을 인지하며 긍정적인 방향으로 생각을 이끌어보는 것이다.

3단계, 목표를 설정하고 자신에게 동기를 스스로 부여하는 단계이다. 준 탱니 교수는 목표 설정이 자기조절 능력을 향상시키고 죄책감을 다루는 데 중요한 역할을 한다고 말했다. 이를 P씨의 사례에 적용하자면 목표를 '잠이 든 이후에 코를 골지 않고, 사람들에게 피해를 주지 않고, 나 역시 다른 사람의 시선을 덜 의식하기'로 삼는 것이다. 목표는 이처럼 구체적이고 현실적일수록 좋다.

4단계, 긍정적 자기 이미지를 시각화(Visualization)하는 것이다. 자신이 원하는 모습이나 성공한 모습을 상상하고, 그 이미지를 머릿속에 선명하게 그려보는 것이다. 이를 통해 자신을 긍정적으로 바라보고 스스로 동기부여가 된 상태를 오랫동안 유지할 수 있다. P씨의 경우에는 '코를 골지 않고 잠을 푹 자고 일어나 동기들과 거리낌 없이 어울리며 밝게 웃고 일과에 적극적으로 참여하는 모습'이 될 것이다.

실제로 P씨는 자신을 이해하고 타인에게 피해를 주지 않기 위한 노력을 하며 스스로를 격려하기 시작했다. 코골이 수술로 증상을 개선하고, 그러한 노력이 주위 사람들에게도 좋은 이미지로 전해져서 지금은 건강하게 군 생활을 이어나가고 있다. 심리학자, 작가이며 동기부여 연설가인 스티브 마블리는 도전과 변화에 대해 영감을 주는 이야기, 조언으로 유명한 인물이다. 그는 이렇게 말했다.

"자기 자신을 이해하고 용서하는 것이 가장 중요하다.
우리는 모두 실수를 범하고
다른 사람에게 상처를 줄 수 있다.
하지만 그렇다고 자책하고
미련에 사로잡히지 않아야 한다."

그 역시 우린 누구나 다른 누군가에게 폐를 끼칠 수 있으며, 그것으로 인해 자책하지 말아야 함을 강조하고 있다. 살아가며 누구나 누군가에게 피해를 줄 수 있다. 살아가며 우리도 누군가에게 피해를 입을 수 있다. 중요한 것은 타인에게 단 한 번의 피해도 주지 않는 것이 아니라 타인에게 피해를 주었을 때 그것에 대해 진심으로 미안해하고, 똑같은 피해를 다시 주지 않도록 노력하며 행동하는 마음임을 잊지 말자. 그것에 대해 너무 자책감을 느끼지 않도록 유의하자. 그럴 수 있으니까 말이다.

나쁜 관계를
끊어내지 못하는 이유

J씨는 20대 초반 남성이다. 그는 소심하고 내향적인 성격으로 인해 친구를 사귀는 데 어려움을 겪었다. 친구가 너무나도 사귀고 싶었던 그는 고등학교에 입학하면서 세 명의 친구를 사귀었다. 그들은 처음에는 J씨를 잘 대해주었다. 그러다가 나중에는 J씨의 소심하고 말수 없는 성격이 만만해 보였는지 그에게 장난을 치기 시작했다. J씨의 물건을 마음대로 꺼내 쓰고, 휴대폰을 가지고 도망갔다.

심지어는 밤에 학교 운동장으로 불러내어 체력 단련을 시켜준다는 명목으로 강제로 팔굽혀펴기, 턱걸이, 달리기를 시켰다. 어머니가 걱정하셔서 집에 가야 한다고 J씨가 아무리 말해도 소용없었다. 친구들은 그에게 "다른 이유로 집에 일찍 들어가지 못한다"고 어머니에게 거짓말을 하라며 놔주질 않았다. 그는 어머니에게 거짓말을 하는 것이 죽을 만큼 싫었지만 어쩔 수 없었다. 그런 그에게 물어보았다.

"친구들이 그렇게 하기 싫은 짓을 시키고 불편한 행동을 하는데 왜 가만히 있었나요?"
"그러면 친구가 없는 상태로 돌아갈 수도 있잖아요."

그는 친구가 필요했던 것이다. 또다시 혼자가 되고 싶지 않았던 것이다. 친구라는 존재가 필요했기에 친구의 괴롭힘, 못된 행동에도 묵묵히 참고 견뎠다.

그리고 J씨가 대학교 1학년에 입학했을 때 친구 무리 중 한 명이었던 D씨와 자취를 하게 되었다. D씨가 입학한 대학교가 J씨의 대학교와 그리 멀지 않은 곳에 있었기 때문이다. 그 무렵 J씨는 집안의 경제 사정이 안 좋아져서 부모님으로부터 월세를 지원받지 못하는 상황이 되었다. 그는 편의점 아르바이트를 통해 경제적으로 힘든 상황을 헤쳐 나가기로 마음먹었다. 그런 J씨가 밤새 근무를 마치고 피곤한 몸을 이끌고 집에 들어오면 집 안이 난장판이었다. D씨가 다른 친구들과 배달음식을 시켜 먹고 치우지도 않고 잠들기 일쑤였기 때문이다. J씨는 그 상황이 답답하고 화가 났지만 꾹 참고 자신이 치웠다고 한다. 나중에 일어난 D씨가 한마디 했다.

"야, 왜 네가 치웠냐? 우리가 치우려고 했는데."

J씨는 그 말을 믿지 않았다. 그러던 어느 날이었다. 친구 무리 중 다른 한 명인 E씨가 자취방에 놀러왔다. 사실 J씨와 E씨는 불편한 사이여서 J씨는 같이 어울리지 않고 과제를 하고 있었다. 그러던 중 E씨가 J씨에게 말했다.

"너는 왜 친구가 왔는데도 말도 안 하고 그러고 있냐?"

그렇게 친구들이 자꾸 과제하는 것을 방해하고 시끄럽게 하는 바람에 결국 J씨도 억지로 술판에 참여하게 되었다. J씨는 술이 약한 편이라 어쩔 수 없이 먹는 척하다가 적당한 틈을 타 싱크대로 가서 몰래 뱉었다. 그 모습을 본 한 친구가 왜 아까운 술을 버리냐며 J씨를 다그쳤다. 그러면서 또 다른 친구가 해서는 안 될 말을 내뱉었다.

"너 진짜 왜 그러냐? 너 태어날 때 너희 부모님한테 사랑을 못 받아서 그렇지?"

J씨는 그 순간 이들과 더 이상 친구로 지내면 안 되겠다는 생각이 들었다. 이후 그들과의 연락을 차단하였고 2, 3년이 지난 지금까지도 그 차단은 유지되고 있다.

J씨의 이야기를 들으며 참 많이 화가 나고 답답했다. J씨는 왜 그런 친구 같지도 않은 사람들을 왜 친구로 두었던 것일까? 자신을 함부로 대하는 사람들을 왜 밀어내지 못했을까? 외로웠기 때문이다.

그는 평소 내향적이고 낮을 가리는 그의 성격 때문에 친구를 만들기 쉽지 않았다. 그런 그에게도 사람에 대한 그리움이 있었다. 다른 사람들과 어울려 지내고 싶은 욕구가 있었다. J씨는 친구라고 부를 수 있는 사람들이 필요했던 것이다. 자신이 처음부터 필요해서 만든 관계이기에 자신은 그 관계의 사람들에 대한 비위를 맞춰줄 수밖에 없었다. 그만큼 혼자 되는 것이 싫었다. 친구들이 자신을 부당하게 대하고 짓궂은 장난을 쳐도 그냥 묵묵히 견딜 수밖에 없었다. 그렇게 해서라도 친구가 필요했다. 그렇게 해서라도 외로움을 느끼고 싶지 않았다.

이처럼 친구 관계에서도 심리적 종속 관계가 형성될 수 있다. 그리고 이런 관계는 자존감이 낮은 상태에서 형성되기가 더 쉽다.

미국 워터루대학교 심리학과 교수 존 홈스는 자기존중감과 종속적 행동 사이의 관계를 연구했는데, 자기존중감이 낮은 사람들이 그렇지 않은 사람들에 비해 친구나 파트너와의 관계에서 더 종속적인 행동을 보이는 경향을 발견하였다. 또한 자기존중감이 낮은 사람들은 자신의 가치를 확인하기 위해 다른 사람의 수용과 인정을 필요로 하는 경향이 있었다. 연구자들은 이들이 자신의 가치나 능력에 대한 스스로의 확신이 부족하기 때문에 외부의 인정에 의존하게 되는 것이라고 설명했다.[53]

이처럼 종속적 관계는 낮은 자존감에서 비롯될 수 있다. 생각해보자. 나 또한 최근에 누군가에게 의지하고 싶고, 타인을 통해 자신의 가치를 확인하려고 하지는 않았는가? 그런 마음을 먹었던 적은 없는가? 그런 관계에 자신도 모르게 얽매였던 적은 없는가? 그런 적이 있다면 낮아진 자존감 때문일 수도 있다. 그러한 이유로 타인과의 관계에 집착하고 타인과의 관계 형성을 통해 자신의 가치를 확인받고 싶어 한 것일 수도 있다.

J씨 역시 예외는 아니었다. 그는 평소 자아존중감이 낮았다. 많은 시간을 혼자 보내며 외로움, 고립감 등을 경험하였

고, 그러한 감정은 자신을 존중하는 느낌을 떨어뜨렸다. 자신의 가치를 스스로 확인하지 못했다. 친구를 사귐으로써 자신도 가치를 인정받고 싶었다. 친구에게 부당한 대우를 받는 상황에서도 견뎌냈던 이유가 그것이었다. 자아존중감이 낮은 상태에서 종속적 관계가 지속되면 심리적 부작용이 발생할 가능성이 있다. 우울증과 불안증세가 그것이다. 미국 펜실베이니아대학교 심리학과 교수 제임스 코인은 연구를 통해 종속적 관계에서의 의존성이 우울증 발생과 관련이 있다고 주장했다.[54]

한편 미국 미네소타대학교 심리학 교수 리 클락은 '종속적인 관계에서 발생할 수 있는 불안장애'에 대한 연구를 진행했는데, 상대방의 수용과 인정에 대한 지속적인 의존이 불안장애 발생 가능성을 증가시킬 수 있다고 했다. 종속적인 사람들은 상대방의 반응에 매우 민감하기 때문에 불안하고 초조한 상태가 지속되는 빈도가 높기 때문이라고 설명하였다.[55]

심리적 종속적 관계가 지속되면 우울과 불안 증상이 발생하여 더욱 괴롭고 힘든 마음을 경험할 수 있다. 당신이 만약 어떠한 이유로 누군가와의 관계에 매달리게 되고 필요 이상으로 큰 의미를 두게 되는 것 같다면 유의해야 한다. 그런 욕구와 관계가 지속되면 자신도 모르게 우울감과 불안감이 커질 수 있기 때문이다.

자존감은 아주 중요한 가치다. 자존감은 말 그대로 스스로를 존중하는 마음이다. 그런 의미에서 자존감은 타인을 통해 얻을 수 있는 마음이 아니다. 내가 나를 먼저 인정하고, 내가 나를 먼저 받아들여야 얻을 수 있는 마음이다. 자존감을 느낄 수 있다면 굳이 타인과의 관계 형성에 매달리지 않아도 된다. 그것이 진정으로 나를 위한 가치이고 나를 위한 노력이다. 기억하자. 나의 가치는 나 스스로 찾아야 한다. 타인을 통해 나의 가치를 찾으려 하지 말자.

막시무 라가세는 명언, 격언 등을 모아 제공하는 위즈덤 쿼츠(Wisdom quotes)라는 웹사이트의 설립자이자 운영자다.

그는 그 웹사이트를 통해 많은 사람에게 긍정적 영향을 끼치고 있다. 그는 자신의 가치를 남에게 의존하지 않고 스스로 찾는 태도의 중요성을 강조하면서 이렇게 말했다.

"자신의 가치는 내면에서 비롯된다.
타인의 시선에 의존하지 말고,
자신의 가치를 스스로 깨닫고 끊임없이 발전해 나가라."

답은 정해져 있다. 당신은 그 자체로 무조건 소중하고 가치 있는 존재이다. 오늘 당신이 할 일은 그 이유를 찾는 것이다. 왜 자신이 소중한 존재인지, 왜 자신이 가치가 있는 존재인지 생각해보는 시간을 가져보면 좋겠다. 어려운 질문일 수 있지만 답은 정해져 있고 이유만 찾으면 되는 질문이다.

존중의 마음을 보여주는
가장 쉬운 방법

우리 집과 우리 부모님 댁은 가깝다. 가까운 거리에 있는 만큼 자주 왕래가 있는 편이다. 부모님, 아내, 내가 있는 단체카톡방에서 어느 날 이런 얘기가 오갔다.

아내: 어머니, 오늘 밤 9시에 데리고 가요^^

알고 보니 아내가 강아지 한 마리를 장모님 댁에서 우리 부모님 댁으로 데리고 간다는 말이었다. 쉽게 말해 우리 부모님이 강아지 한 마리를 분양받는 것이었다. 순간 기분이 썩 좋지는 않았다. 아니 아내는 왜 나에게 상의 한마디 없었단 말인가? 의사결정 과정에서 나는 배제된 느낌이었다. 물론 강아지 한 마리를 데리고 오는 일이 큰일은 아닐 수 있다. 하지만 어쨌든 그 과정에서 나에게 의견을 물어봐주지 않았다는 사실에 대해서는 기분이 썩 좋지 않았다.

우리가 살면서 놓치는 것 중 하나는 '타인의 생각이나 의견을 물어봐주는 것'이다. 어찌 보면 사소해 보이지만 중요한 문제다. 어떤 일이 진행됨에 있어 자신의 생각이나 의견을 표현할 기회가 없었다고 느끼면 생각보다 큰 부정적·심리적 영향을 받을 수 있다.

우리는 이러한 상황에서 왜 기분이 나쁠까? 이는 사회적으로 거부를 받았다는 느낌과 연결되어 있다. 친구 사이, 부부 사이, 동료 사이도 하나의 작은 사회이다. 그러한 작은 사회에서 자신의 의견을 물어봐주는 과정 없이 일이 진행되었다는 것은 그에게 '사회적으로 거부를 당했다는 느낌'을 줄 수 있다.

미국 퍼듀대학교 심리학과 키플링 윌리엄스 교수는 그의 저서 《침묵의 힘(The Power of Silence)》에서 사회적 거부를 받았다고 느끼는 사람에게 발생하는 감정적 변화에 대해 이야기한다. 그에 따르면, 사회적 거부를 경험한 사람들은 슬픔, 분노, 불안 등의 감정을 겪을 수 있으며, 자신을 불필요하거나 가치가 없는 사람으로 인식할 가능성이 크다고 했다. 또한 자기존중감이 감소하고, 다른 사람들과의 상호작용을 자제하거나 회피하는 반응이 나타날 수 있다고 설명했다.[56]

H씨는 30대 직장인 남성이다. 그의 어머니는 그가 초등학교 4학년 때 돌아가셨고 그 뒤로는 아버지와 살았다. 시간이 흘러 그는 아내와 자녀가 있는 30대의 가장이 되었다. 그런데 최근 아버지와 불편한 관계를 이어가고 있었다. 아버지가 다른 여성분을 집으로 들인 것이었다. 아버지는 새어머니를 어머니라고 부르기를 바랐다. 그는 그렇게 하기 싫었다. 그는 어떤 마음이었을까? 그가 아버지에게 바라는 것이 무엇인지 물어봤다.

"그럼 아버지께 바라는 점은 무엇인가요?"

"한 번이라도 제 생각이 어떤지 물어봐주길 바랐습니다."

그가 원하는 것은 일방적 통보가 아닌 '생각을 물어봐주는 것'이었다. "내가 새로운 사람을 만나려고 하는데 네 생각은 어떻니?"라고 물어봐주는 것, 그 자체였다. 한마디 물어봐주기만 했어도 아버지의 요청과 새어머니에 대한 거부감이 그렇게 심하진 않을 것이라고 했다. 어떤 일을 결정하기 전에 자신과 이야기를 나눠주길 바랐다. 하지만 그에게 아버지는 항상 과정은 없고 결과만 있는 사람이었다.

이처럼 부모, 자식 간에도 '의견과 생각을 물어봐주는 것'이 중요하다. 친구라고 해서, 가족이라고 해서, 연인이라고 해서 괜찮겠지, 하고 그냥 넘어간다면 상대방에게 상처를 줄 수 있다. 더 나아가 가족, 학교, 직장, 모임 등 더 많은 사람으로 구성된 조직, 사회에서도 마찬가지다.

스위스 IMD 비즈니스스쿨 경영학과 다니엘 덴션 교수는 '기업문화와 조직 효율성'이라는 주제로 연구를 진행했는데, 부하 직원들의 의견을 묻지 않고 일방적으로 의사결정을 내리는 경우, 직장 내 커뮤니케이션과 협력에 부정적 영향을 준다는 사실을 발견하였다.[57] 조직 내에서 과정에 대한 논의 없이 결과만 통보하는 태도는 '무시당했다'는 느낌을 상대에게 전달할 수 있고, 분노감, 비협조성의 원인이 될 수 있다.

누군가에게 의견을 물어봐준다는 것은 그 사람에게 '당신은 중요한 사람이다. 당신의 의견은 의미가 있다'라는 메시지를 전달해주는 것이다. 아무런 상의 없이 결과만을 통보하는 것은 그에게 '당신은 중요한 사람이 아니다. 의사결정 과정에 관여할 필요가 없다'라는 메시지를 주는 것과 같다.

상대에게 의견을 물어본다는 것이 상대방의 의견을 100% 수용해야 한다는 의미는 아니다. 의견을 제시할 기회를 주는 것만으로 상대에게 협조를 끌어낼 가능성을 높일 수 있다. 결과를 통보받기 전에 이런 얘기를 들은 사람들은 협

조와 수용에 적극적인 자세를 보이고 싶지 않을까?

"부모님 댁에 강아지 한 마리를 데려오면 어떨까 하는데 당신 생각은 어때?"

"7월에 새로 바뀐 양식에 대해 불편한 점을 팀장님께 건의해볼까 하는데 대리님 생각은 어떠세요?"

"대출 금리가 많이 올라서 좀 더 저렴한 금리의 대출 상품으로 갈아타볼까 하는데 당신 생각은 어때?"

가장 현명한 의사결정은 상대방이나 관련된 사람들에게 자신의 의견을 표현할 기회를 준 다음 내리는 결정이라 생각한다.

미국 NBC '월 스트리트 저널(Wall Street Jounal)'의 리포터였던 케어 앤더슨은 현재 작가, 강연가로 왕성한 활동을 하고 있다. 그녀 역시 의견을 물어봐주는 것의 중요성을 강조했다.

"누군가에게 의견을 물어봐주는 것은

그 사람의 생각을

당신이 중요하게 여기고 있다는 것을 보여준다."

    누군가를 존중하고 싶다면, 당신이 누군가를 존중하고 있다는 것을 보여주고 싶다면 그에게 질문하라. 그의 의견을 묻고, 그의 생각을 들어보아라. 상대방에 대한 존중의 마음을 표현하는 가장 효과적이고 손쉬운 방법이다. 누군가의 생각과 의견을 물어봐준다는 것은 단순히 물어보는 것 이상의 의미가 있을 수 있다.

Sincerity is the key to solving all problems between human beings.

V.

나를 이해하고
타인을 존중하는 감정 습관

타인 속에 비친 내가
불편하게 느껴지는 이유

누군가의 어떤 모습이 유난히 신경 쓰일 때가 있다. 누군가의
어떤 모습이 유난히 꼴 보기 싫을 때가 있다.

'저 사람은 또 지각이네. 진짜 밉상이다.'

'저 인간 또 회의 빠지려고 그 시간에 일부러 거래처랑 미
팅 잡은 거 아냐?'

'말만 그렇게 하고 속으로는 다른 생각을 하고 있을 줄 내
가 모르는 줄 알아? 정말 밥맛이다.'

남들은 별로 대수롭지 않게 여기는 것 같은데 유독 나한테는 걸리적거리고 신경 쓰였던 경험이 누구나 한번은 있었을 것이다. 그런 경우라면 이런 생각이 도움이 될 수 있겠다.

'만약 어떤 사람의 특정 모습이 유난히 거슬리고 싫다면, 그 모습이 바로 자신의 모습이라 그런 것일 수 있다.'

앞서 정신분석학자 칼 융의 '그림자 자아(Shadow Self)' 개념을 설명한 바 있다. 이 개념에 비춰보자면 사람은 자신의 모습 중에서 부정적이라고 여기거나 거부하는 것들, 즉 자아의 그림자가 외부의 다른 사람에게 반사되어 인식되는 상황에 놓이면 그 사람을 싫어하거나 거부하게 된다.[58]

예를 들어, 자신이 상대방의 기분에 맞추어 억지로 웃어주는 성향이 있는 사람이라면, 그는 스스로가 가식적이라고 생각할 수 있다. 그런 그가 누군가를 만났을 때 상대방이 자신의 별 얘기 아닌 것에도 잘 웃어주고 기분을 맞추어 준다면? 그런 모습이 더 부정적으로 보이고, 눈에 거슬릴 수 있다. 스스로 부정적으로 생각하는 자신의 어떠한 면이 타인에게 투영되어 나타나 보이기 때문이다.

나는 가끔 아내와 의논할 일이 있어서 대화를 할 때 이런 현상을 경험한다.

"당신, 이번에 건강보험비 청구서 나온 거 봤는데 제대로 나온 거 맞아? 금액이 좀 이상한 것 같아. 당신이 보험공단에 전화해서 한번 확인해봐야 할 것 같은데?"

"아, 그래? 그거 당신이 좀 알아서 해줘. 당신이 그런 거 잘하니까."

아내에게 그런 말을 들으면 솔직히 순간적으로 짜증이 솟구친다(아내가 이 책을 안 보면 좋겠다). 자기가 하기 귀찮으니까 나한테 떠넘기는 것이라는 생각이 들기 때문이다. 나는 왜 그런 생각이 들었을까? 그런 상황에서 나도 종종 그런 생각을 가지고 그런 행동을 종종 하기 때문이다. 나 역시 내가 관심이 없고 하기 귀찮은 일이 있으면 누군가를 치켜세우며 알아서 하라는 식으로 떠넘길 때가 있다. '그러지 말아야지' 하며 자제하고 싶은 나의 행동이다.

보이고 싶지 않은 어두운 면이라든지, 나 스스로도 싫어하는 부정적인 면을 타인을 통해 보면 그 모습이 더 싫어지는 것이다. 우리는 이처럼 타인을 통해 자신의 부정적인 모습을 보게 될 때 민감하게 반응할 수 있다. 예를 들어, '저 사람은 왜 이렇게 화를 잘 내?' 하며 다른 사람의 화를 내는 모습에 특히 민감한 사람은 자신 스스로가 화를 잘 내는 사람이라 여기고 그러한 모습을 부정적으로 인식하고 있을 수 있다.

이처럼 자신 스스로 부정적이라고 생각하는 모습을 타인에게서 보게 될 때 느끼는 거부감에 대해서는 심리학의 '거울 효과(Mirrioring Effect)'를 통해서도 설명할 수 있다. 거울 효과란 다른 사람의 행동이나 특성이 자신에게 반사되는 것처럼 느껴질 때 상대방에 대한 호감도가 높아지는 현상을 말한다. 반대의 경우도 가능하다. 자신 스스로가 부정적으로 인식하는 어떤 특성이 다른 사람에게서 보이면, 그것이 자신과의 유사성을 상기시키고 이로 인해 불쾌감을 느낄 수 있다. 그로 인해 그 사람에 대한 거부감이 생길 수 있다.

그러므로 누군가의 어떤 모습이 유난히 눈에 거슬리고 신경이 쓰인다면, 스스로에게도 그런 면이 있는 것은 아닌지, 그래서 더 잘 보이는 것은 아닌지 생각해볼 필요가 있다.

전에 영업 업무를 담당하던 후배와 이런 대화를 나눈 적이 있었다.

"선배님, 저 4시에 여의도에 외근 좀 다녀오겠습니다."
"여의도? 그래, 알았어. 근데 거기서 바로 현장 퇴근하려고 그 시간에 나가는 건 아니지, 하하."
"아, 아닙니다. 현장 근무 마치고 사무실 복귀해서 마무리해야 할 일이 있습니다."
"아, 그래? 농담이야, 농담. 하하."

나는 그때 왜 그런 말을 했을까? 그건 아마도 그 후배의 행동에서 내가 보였기 때문일 것이다. 신입사원 시절, 조금이라도 칼퇴근하고 싶어서 퇴근 시간에 맞추어 외근을 잡아본 적이 있었다. 그런 마음을 후배에게도 투영한 것이다.

여러분도 누군가의 말이나 행동이 유난히 신경 쓰인다면, 유독 밉상처럼 느껴진다면 그러한 모습이 자신에게도 있는 것은 아닌지, 그러한 모습을 스스로 부정적으로 인식하고 있어서 그런 것은 아닌지 생각해보자. 만약 그렇다면 상대를 향한 부정적 감정은 거둬들이자. 당신 역시 그런 모습이 있지 않았는가? 당신 역시 그런 마음이 있었던 것 아닌가? 그런 만큼 그를 더 잘 이해할 수 있는 것 아닌가?

상대를 통해 발견한 자신의 부정적 마음을 '아, 이 사람도 그런 마음에서 그런 것일 수 있겠구나' 하는 이해의 발판으로 활용해보면 좋겠다. 그럼 그 사람에 대한 미운 감정도 줄어들 수 있을 것이다. 그것을 계기로 서로 좋은 관계를 만들어갈 수 있을 것이다.

자신의 속마음과
반대되는 행동을 하는 사람

30대 후반의 남성 K씨에게는 누군가와 다툼이나 갈등이 있고 난 후 본인은 전혀 아무렇지도 않은 듯 행동하는 경향이 있었다. 그가 중학생이던 시절에 어떤 일로 인해 담임 선생님께 혼이 난 적이 있었다. 그때는 학교에서도 체벌이 가능하여 담임 선생님께 뺨을 맞은 듯했다. 물론 그는 기분이 나빴을 것이다. 그런데 그 일이 있고 난 후 그는 쉬는 시간에 아무렇지도 않은 듯 친구들과 재미있게 뛰어놀았다고 했다. 그 모습을 보고 담임 선생님은 이상함을 느꼈고, 부모님께 전화를 걸어 자초지종을 설명하고 이렇게 얘기했다고 했다.

"어머님, K를 정신과에 데려가 보시는 것도 좋을 것 같아요."

심하게 혼이 난 후 아무렇지도 않은 듯 친구들과 어울려 노는 학생을 보고 선생님은 의아해하며 걱정을 했을 것이다. 나도 그 얘기를 들으며 쉽게 이해가 되지 않았다. 그래서 그 이유를 물어봤다.

"어떻게 그럴 수 있었나요? 그때 어떤 마음이었나요?"
"아마도 복수하고 싶었던 마음이 컸던 것 같아요."
"복수요?"
"네, 그때 저도 기분이 나빴고 억울한 감정도 있었던 것 같아요. 그런데 중학생이 어떻게 할 수가 없잖아요? 그래서 이런 생각을 했던 것 같아요. 내가 아무렇지도 않게 행동하는 모습을 보면 선생님은 분명 더 기분이 나쁠 것이다."

아무렇지 않은 척 행동했지만 그런 마음이 숨어 있던 것이다. 실제 생각, 마음, 감정과는 반대되는 행동을 하는 것을 심리학에서는 '반동형성(Reaction Formation)'이라고 한다. 반동형성은 개인이나 집단이 일정한 행동이나 태도에 대한 압박이나 강요를 받았을 때 그 반대로 행동하거나 반대의 태도를 취하는 일종의 방어기제다. 쉽게 말하면 속내와 반대되는 행동을 하는 것이다. 속으로는 슬프지만 겉으로는 아무렇지 않은 척, 속으로는 미안하지만 겉으로는 그런 마음이 없는 척 행동하는 경우가 이에 해당한다.

나 역시 그럴 때가 있다. 아내와 다투고 난 후 아무렇지 않은 척 아이들에게 더 잘해줄 때가 있다. 아내 앞에서 아이들에게 말도 더 자주 걸고, 더 상냥하게 대해준다. 아마도 다투었던 아내에게 이런 메시지를 전달하고 싶었던 것 같다.

'당신과 다툰 것은 나에게 큰일이 아니다, 당신과의 다툼은 나에게 그만큼 큰일이 아니다.'

그렇게 함으로써 아내를 더 자극하고, 아내를 약 올리고 싶었던 마음이 컸던 것 같다. 물론 속마음은 그렇지 않았다.

속으로는 나도 계속 찝찝했고, 무너졌고, 화가 풀리지 않은 상태였다. 아무렇지 않은 것이 아니었다. 지금 생각해보면 왜 그랬나 싶다. 속상하면 속상한 대로, 미안하면 미안한 대로 표현하면 될 것을 말이다. 너무 많은 생각을 하지 말고 속마음을 그냥 있는 그대로 표현하고 전달하는 것이 갈등을 해결하는 데 좋은 방법이 될 텐데 말이다. 이렇게 속과는 반대되는 행동을 하는 이유는 무엇일까?

자신의 부정적 감정에 대처하기 위해서이다. 불안, 두려움, 수치심 등의 부정적 감정을 느낄 때 이에 대처하기 위해서 반동형성과 같은 방어기제를 사용하는 것이다. 앞서 K씨는 선생님께 야단을 맞았고 그로 인해 억울함, 수치심 등의 감정을 겪었지만 이를 그대로 다루기 어려웠다. 그래서 그가 택한 방법은 아무렇지 않은 듯 행동하는 것이었다. 자신이 아무렇지도 않은 듯 행동하면, 그 모습을 본 선생님은 더 화가 날 것이라고 생각했기 때문이다. 그에게는 그런 방식이 일종의 복수였던 셈이다.

물론 그런 방법을 통해서 선생님께 복수를 한다는 일종의 복수심, 짜릿함을 느꼈을 수는 있다. 하지만 그것으로 K씨의 마음은 편해졌을까? 그렇지 않다. 그 순간에는 기분이 좀 나아졌을지는 몰라도 뭔지 모를 불편함, 찝찝함 등이 남아 있다고 했다. 한편으로는 자신이 잘못을 해서 선생님께 혼이 난 것이고, 그것에 대해 잘못을 인정하고 반성하는 마음도 있었다고 했다. 그런데 그런 마음은 깡그리 무시한 채 반대되는 행동만 하니 결국은 마음이 불편할 수밖에 없었다고 했다. 자신의 속마음을 무시하고 일부러 반대되는 행동만 하는 것은 자신의 솔직한 감정을 들여다보지 않는 것이다. 자신의 감정에 솔직한 태도가 아니다.

옛말에 '미운 아이 떡 하나 더 준다'라는 표현이 있다. 이 말의 의미는 무엇일까? 미운 사람일수록 잘 대해주어야 후환이 없다는 말이다. 즉 미운 사람에게 미운 내색을 하면 그 사람에게 화를 입을 수도 있으므로 그 사람에게 오히려 잘해줄 수 있다는 말이다. 일리 있는 말이다. 우리가 살아가면서 누군가를 싫어하는 마음, 미워하는 마음, 증오하는 마음을 그때마다 그대로 표현하며 살아갈 수는 없을 테니 말이다.

하지만 속마음과 반대되는 행동을 지속하는 것은 일종의 감정 억압이다. 속에서 실제로 느끼고 있는 감정을 억압하고 제한하는 행동이다. 더 나아가 속마음과 반대되는 행동을 하는 것은 마음뿐만 아니라 신체에도 부정적 영향을 일으킬 수 있다.

미국 스탠포드대학교 심리학과 교수 제임스 그로스가 수행한 연구에 따르면, 부정적인 감정에 반대되는 행동으로 부정적 감정을 지속적으로 억제하면 혈압 상승, 면역 기능 저하, 심혈관 질환 발생 가능성이 높아진다고 한다.[59] 또한, 미국 하버드대학교 심리학과 교수 제레미 제미슨이 수행한 연구결과에 따르면, 가식적인 행동을 취하는 사람들은 스트레스 호르몬 코티졸의 분비가 증가하고, 신체적 증상이 발생하는 경향이 있었다고 했다. 이는 가식적인 행동이 정서적인 내부 충돌을 야기하고, 그로 인해 신체적인 스트레스 반응이 나타날 수 있다는 것을 의미한다.[60]

밀려드는 감정을 너무 숨기려고만 하지 말자. 자연스레 밀려오는 감정을 너무 억제하려고만 하지 말자. 미안한 감정이 들 때는 미안하다고, 죄송한 마음이 들 때는 죄송하다고 표현하는 것도 좋겠다. 억울한 마음이 들면 억울하다고 직접 표현해보자. 당신의 신체적 건강을 위해서라도 어느 정도는 당신의 속마음을 있는 그대로 표현하고, 당신의 속마음과 일치하는 방향으로 행동해야 좋다.

미국의 철학자이자 정치가, 벤저민 프랭클린은 다음과 같은 말을 했다.

"진심은 인간 사이의 모든 문제를 해결하는 열쇠다."

혹시 당신이 속마음과 다르게 대하는 사람이 있다면, 자꾸 삐딱하게 대하는 사람이 있다면 솔직하게 진심을 담아 말하고 행동해보는 것은 어떨까? 너무나 어렵게 느껴졌던 그와의 문제가 생각보다 쉽게 풀릴 수도 있다. 진심은 언제나 통하는 법이니까 말이다.

나는 왜
역질문이 불편할까?

사람마다 대화하는 방식이 다르다. 사람마다 문제를 바라보고 문제를 해결하는 방식이 다를 수밖에 없다. 상대방의 질문을 편하게 받아들이는 사람도 있고, 상대방의 질문을 불편하게 받아들이는 사람도 있다. 여러분은 어느 쪽인가?

심리상담을 찾아온 L씨는 20대 중반 직장인 여성이었다. 입사한 지 아직 1년이 안 된 그녀는 업무 중 궁금한 것이 있어 선배에게 물어보았다고 한다.

"대리님, 이 내용을 다음 주 예정사항에 넣어야 할까요?"

"L씨가 생각하기에는 어떤가요? 넣어야 할 것 같나요?"

L씨는 이러한 상황에서 자신이 혼나는 것 같은 느낌이 들었다고 했다. 그는 선배 대리로부터 바로 대답을 듣기를 원했다고 했다. 그런데 그런 식으로 역질문을 받으니 자신이 잘못했나 싶기도 했고, 답답하기도 했을 것이다. 몰라서 물어본 건데 그런 대답을 들으니 혼났다는 느낌이 들었을 것 같기도 했다.

그녀의 표현에 따르면, 속된 말로 '닦였다'라는 느낌을 받았다고 한다. 그녀의 얘기를 들으며 그녀의 마음이 공감이 가기도 했다. 그녀는 그런 상황에서 그런 역질문이 왜 불편하게 느껴졌을까? 역질문을 한 선배의 입장에서는 직접적 대답 대신 역질문을 통해 그녀가 상황을 직접 이해해보고 스스로 판단해볼 수 있도록 한 것일지도 모른다. 물론 그 선배의 의도는 알 수 없다. 하지만 동일한 상황에 대해 부정적으로 해석을 하게 되는 심리적 이유가 궁금해진다. 그 이유에 대해 알아보자.

사람들은 어떤 이유로 상대방의 말과 행동을 그리고 상황을 부정적으로 해석하게 될까? 첫 번째로 생각해볼 수 있는 것은 불안감이다.

캐나다 워터루대학교 심리학과 미아 로마노 교수는 사회적 불안장애를 가진 집단과 사회적으로 건강한 심리를 가진 집단을 대상으로 연구를 진행했다. 그 결과, 사회적 불안장애가 있는 집단이 건강한 심리를 가진 집단에 비해 특정 상황에 대해 부정적 해석을 하는 경향이 더 높았다. 더욱이 자신을 더 부정적으로 인식하는 경향도 있었다.[61] 여러분이 요즘 똑같은 상황을 두고도 예전과 다르게 모든 것이 부정적으로만 보인다면 불안한 상태에 있는 것은 아닌지, 그럴 만한 일을 겪은 것은 아닌지 점검해보자.

두 번째로 생각해볼 수 있는 것은 내향적 성격이다.

영국 SOAS대학교 인류학 및 사회학과 산제이 스리바스타바 교수는 내성적·내향적인 성격과 부정적인 해석 경향의 연관성에 대해 연구했다. 이 연구에서는 96명의 대학 신입생을 대상으로 그들의 성격 특성과 학교생활에 대한 정서적 적응 수준을 8주 동안 추적 관찰했다. 참가자들은 여러 가지 상황을 접하면서 그에 대해 부정적인 해석을 하는 정도를 스스로 측정하였다. 동시에 그들의 정서적 적응 상태를 스스로 평가했다.

연구결과에 따르면, 내성적이고 내향적인 성격의 참가자들은 그렇지 않은 참가자들에 비해 일상적인 상황에서 발생하는 일들을 좀 더 부정적으로 해석하는 경향이 있었다. 연구자들은 내성적이고 내향적인 성격을 가진 사람들이 사회적 상호작용에서 심리적 불안에 더 집중하는 경향을 가질 수 있기 때문에 이러한 부정적인 해석 경향이 나타날 수 있다고 설명했다.[62] 즉 다른 조건이 동일하다면 내성적 성향을 지닌 사람들이 그렇지 않은 사람들에 비해 부정적 해석을 할 가능성이 크다는 것이다.

위의 내용을 참고해서 L씨의 평소 불안감 수준과 내향적 성향에 대해 살펴보는 것이 좋을 것 같았다. L씨는 선배 사원의 역질문 자체를 불편해했다. 선배의 의도는 사실 정확히 알 수 없다. 그녀에게 핀잔을 주려 한 것일 수도 있고, 그녀가 스스로 생각해볼 기회를 주려 한 것일 수도 있다. 아니면 다른 이유가 있을 수도 있다. 어쨌든 정확한 이유는 알기 어렵다. 이렇게 상대방의 행동이 선의인지 악의인지 혼란스러울 때는 이왕이면 좋은 쪽으로 해석해보면 어떨까? 좋은 쪽으로 해석한 만큼 자신 역시 긍정적 정서 반응을 나타내며 그 상황을 긍정적으로 활용할 가능성이 커진다. 그를 위해서가 아닌 자신을 위해서다. 자신을 위해서 좋게 생각해보는 것이다.

심리학에는 '긍정적 해석 편향(Positive Interpretation Bias)'이라는 개념이 있다. 이는 개인이 정보를 해석할 때 긍정적인 방향으로 선호하는 경향을 의미한다. 긍정적 해석 편향을 가진 사람들은 말 그대로 일상적인 사건이나 상황을 부정적인 면보다는 긍정적인 면으로 해석하려는 경향을 보인다. 이러한 긍정적 해석 편향은 자신의 자아를 유지하고 긍정적 세계

관을 형성하는 데 도움이 될 수 있다. 긍정적인 감정과 행동을 유도하고 심리적 건강을 촉진할 수 있기 때문이다.

역질문을 받으면 누구나 당황해할 수 있다. 기분이 안 좋아질 수도 있고, 불편해질 수도 있다. 하지만 그런 상황을 자신에게 부정적 상황이라고 확정하지는 말자. 나를 위한 상대방의 배려라고 생각하거나 나의 사고력이 올라가는 계기가 될 수도 있다고 생각해보자. 그렇게 좋게 생각해보는 만큼 좋은 해석과 좋은 결과가 나올 수 있을 것이라 믿는다.

과거의 경험이
미래를 전부 결정짓지는 않는다

J씨는 20대 초반의 군 복무 중인 남성이다. 그는 1년 넘게 생활하던 부대에서 어떤 문제가 생겨 자신의 의지와 상관없이 부대를 옮기게 됐다. 문제는 새로운 사람들과의 적응이었다. 그는 유난히도 기존 부대에 있는 사람들을 그리워했다. 새로운 부대에서 누구와 얘기를 나누고, 함께 근무를 서고, 군 생활을 해도 기존 부대에 있는 사람들에 대한 그리움이 몹시 컸다. 그러한 그리움은 새로운 부대의 사람들과의 보이지 않는 벽을 만들었다.

새로운 부대의 사람들은 그가 잘 적응할 수 있도록 먼저 다가와 말도 걸어주고 관계를 형성했다. J씨는 그런 마음이 고마웠지만 쉽게 마음이 열리지가 않았다. 그래도 그에게 다가오는 사람들을 밀어낼 마음은 없었는데 그렇게 보이는 것 같아 미안한 감정이 들었다. 그는 왜 새로운 사람들과 새로운 관계를 형성하는 것을 힘들어했을까? 왜 이리도 유난히 기존 사람들에 대한 애착과 그리움을 쉽게 떨쳐내지 못한 걸까? 대인관계에서 쉽게 안정감을 느끼지 못하는 성향 때문일 수 있다.

미국 펜실베이니아대학교 심리학과 교수 폴 아마토는 '이혼에 대한 아이들의 적응'이란 주제로 연구를 수행했다. 그는 연구를 통해 '부모가 이혼 경험이 있는 아이들은 대인관계에서 불안과 두려움을 경험하기 쉽다'는 점을 확인하였다. 부모의 이혼으로 인해 아이들이 안정적이고 예측 가능한 가정환경을 상실하고, 부모의 갈등을 목격하면서 정서적인 어려움을 겪게 되기 때문이다.[63] 이러한 불안과 두려움은 새로운 사람과의 관계형성에 영향을 미칠 수 있다. 새로운 사람과의 관계 형성에 대한 자기보호적 방어기제를 유발하여 신뢰감과 안정감 형성에 어려움을 겪는다.

J씨가 중학생이던 때 부모님이 이혼을 했다. 이유는 아버지의 외도였다. 그는 그전까지 아버지와 친밀한 관계를 형성했다고 했다. 신뢰할 수 있었던 대상이었던 만큼 그러한 행위를 했다는 사실이 J씨에게는 몹시 큰 충격으로 작용했을 수 있다. 그래서 그는 새로운 사람과 관계를 형성하는 데 있어서 높은 수준의 신뢰를 필요로 했고, 그만큼 한번 형성된 관계에 대해서는 큰 애착을 가지게 되었을 수 있다.

꼭 이렇게 부모님의 이혼이 아니더라도 비슷한 상황은 누구나 겪을 수 있다. 배우자, 가족, 연인, 친구, 동료, 사업 파트너 등 그 누구보다 가깝다고 느꼈던 사람들로부터 우린 때로 전혀 예상치 못한 배신감, 실망감을 느끼게 될 수 있다. 또한 사랑했던 사람을 잃은 경험은 새로운 사람과의 만남을 주저하게 만든다. 우리로 하여금 마음을 닫게 만든다. 새로운 환경에서의 적응을 더욱 어렵게 만들 수 있다. 연인의 외도로 인해 헤어짐을 겪게 된 사람은 새로운 만남을 시작하는데도 그만큼 힘들다. 상대방에게 그만큼 높은 수준의 믿음을 요구할 수 있기 때문이다.

미국 일리노이대학교 심리학과 교수 알 크리스 프래일리는 연구를 통해 상처 경험이 있는 사람들은 새로운 사람들에 대한 신뢰를 형성하는 데 어려움을 겪는 경향이 있다는 것을 확인했다.[64] 이처럼 사랑하는 사람으로부터 느낀 배신감, 사랑하는 사람을 잃은 상처는 새로운 사람에 대한 신뢰 형성에 부정적 영향을 끼칠 수 있다. 이러한 경험으로 인해 신뢰를 형성하는 데 필요한 적극적 태도를 갖기 어렵고, 새로운 사람들과의 관계 형성을 막는 요인이 된다.

혹시라도 여러분이 누군가와의 새로운 관계 형성을 유난히 힘들어하는 것 같다면, 새로운 사람에게 마음의 문을 여는 것이 유난히 어렵다면, 여러분 자신이 이런 유사한 경험이 있었던 것은 아닌지 생각해봤으면 좋겠다. 믿었던 사람으로부터 느꼈던 배신감, 실망감이 남아 있을 수 있다. 사랑했던 사람을 떠나보내야만 했던 안타까움이 남아 다시는 그런 감정을 느끼지 않기 위해 새로운 사람 자체를 받아들지 못하는 것일 수 있다.

충분히 공감하고 이해가 간다. 하지만 앞의 J씨의 사례에서도 봤듯이, 기존의 관계에만 머물며 살아갈 수는 없지 않은가? 새로운 학교, 새로운 직장, 새로운 모임, 새로운 가족 등 우리는 죽을 때까지 새로운 사람들과의 인연을 이어나가야 한다. 억지로, 필요 이상으로 새로운 사람들과의 관계를 형성할 필요도 없지만 새로운 사람들과의 관계가 필요한 상황에서는 최소한의 노력을 해야 한다. 이를 위해서는 지금 현실에 충실하게 살아가는 연습을 하면 좋겠다.

좋은 사람, 호감을 느끼게 된 사람을 만나면 자기도 모르게 거부하고 마음을 닫아버리는 사람이 있다. 이들의 마음속에는 이런 생각이 무의식적으로 자리 잡고 있을 가능성이 크다.

'저 사람에게 마음을 열어선 안 돼. 그랬다가는 예전에 그랬던 것처럼 또다시 상처받을 거야.'

과거의 상처와 괴로움으로 인해 자신도 모르게 이런 생각이 뿌리내린 것이다. 하지만 과거의 경험이 미래를 결정짓는 것은 아니다. 과거에 어떤 사람으로 인해 신뢰감을 잃었다고 해서 앞으로 만나는 모든 사람을 믿지 말아야 하는 것은 아니다. 새로운 사람을 만날 때 과거의 경험에서 문제였던 부분을 좀 더 신경 쓸 수는 있다. 그러한 경우에도 신경을 쓰는 수준이어야 하지 그것으로 인해 새로운 만남, 새로운 가능성 자체를 인정하지 않고 회피하려 해서는 안 된다. 그렇게는 살아갈 수 없다. 새로운 사람들과의 인연은 제한적일 수 있으나 아예 없앨 수는 없기 때문이다.

그러므로 새로운 사람이 다가오는 상황에서, 누군가와 새로운 관계를 형성할 필요가 있는 상황에서는 이렇게 생각을 바꿔보자.

'예전에는 어떤 사람 때문에 상처를 받았지만 그때는 그 때고 지금은 지금이다. 그 부분에 좀 더 신경을 쓸지언정 그러한 경험으로 인해 새로운 만남 자체를 부정하지는 말자. 마음이 열리려고 할 때는 억지로 닫지 말자.'

베스트셀러 소설 《연금술사(Alchemist)》를 쓴 작가 파울로 코엘료는 다음과 같은 말을 했다.

"새로운 문을 열려면
과거의 문을 닫아야 한다."

새로운 사람과의 새로운 만남을 위해서는 과거 상처를 준 사람과 그 기억에서 벗어날 필요가 있다. 물론 벗어나는 것이 쉽지 않은 일이겠지만 분명 우리의 인생에서 의미 있고 가치 있는 일일 것이다.

마음의 말은 믿되,
입으로 하는 말은 의심하기

누군가 무언가 약속을 하거나, 다짐을 하는 순간, 그 순간 그의 마음 자체는 믿을 수 있다. 그 약속을 지킬 것이라는 마음, 그러한 다짐을 이룰 것이라는 그 순간의 마음은 믿을 수 있다. 나를 도와주겠다는 말, 돈을 언제까지 갚겠다는 말, 자신의 생각은 그렇다는 말, 자신이 알아서 처리하겠다는 말, 문제없을 것이라는 말. 그런 말들은 그 순간 진심에서 나온 것들일 수 있다. 그 순간의 그런 마음은 믿을 수 있다.

하지만 그 말들이 말한 대로 되는지는 별개의 문제다. 그 순간 그 마음은 진심일 수 있으나 이후 마음이 바뀌어서, 상황이 바뀌어서, 변수가 생겨서 그 말 그대로 지켜지지 않을 것을 생각하는 것이 좋다. 큰 기대를 하지 않아야 나중에 큰 실망도 하지 않을 수 있다. 그 말대로 되지 않았을 때의 대안도 미리 고민해볼 수 있다. 그래서 나는 누가 하는 말의 진심은 믿지만 그 말이 실제로 지켜질 것이라고는 거의 생각하지 않는다.

진심인 만큼 믿을 수는 있다. 하지만 어디까지나 그 순간 그 사람의 마음을 믿어야지, 그 사람의 말이 실제로 이루어지리라는 확신은 갖지 않는 것이 좋다. 그 사람의 생각, 감정, 환경이 변할 수 있기 때문이다. 그럼 그가 했던 말도 나중에는 달라질 수 있다.

한번은 직장동료들과 함께 외부교육을 받은 적이 있다. 나는 솔직히 그 교육에 실망했다. 소개하는 내용을 뒷받침해줄 만한 학문적 출처가 궁금했다. 소개하는 방식도 따분했다. 뭔가를 알려주기보다는 자꾸 시연만 시켰다. 제대로 알려주는 것도 없으면서 시연만 시킨다는 생각이 들었다. 매끄럽지 않은 진행도 불만이었다. 융통성도 없어 보였다. 자신들의 매뉴얼대로만 진행하려고 하는 듯 보였다. 나는 그런 실망스러움을 동료들에게 털어놓았다. 그들 모두 나의 의견에 동의했다. 자신들도 비슷한 느낌을 받았다고 했다. '나만 그렇게 느꼈던 것이 아니구나' 하며 공감을 받은 것 같아 기분이 풀렸다.

그리고 약 2주가 흐른 시점이었다. 동료들과 함께 밥을 먹는 자리에서 그때 교육이 생각나 내가 먼저 말을 꺼냈다.

"그때 그 교육 정말 별로였어요."
"저는 괜찮았는데요?"

나는 속으로 '엥? 이게 무슨 소리인가?' 싶었다. '그때 분명히 별로라고 내 의견에 동조해놓고 지금 와서 딴소리를 하다니!' 나만 이상한 사람이 된 것 같았다. 짜증이 났다. 별것 아니지만 약간의 배신감도 느꼈다. 이상한 사람이라는 생각이 들었다. 어떤 것이 진짜 그의 마음이란 말인가?

교육 당시 동료가 했던 동조는 그 순간에는 진심이었을 수 있다. 시간이 지나고 보니 생각이 바뀐 것일 수도 있지 않은가? 그러므로 나는 그가 의도적으로 당시 거짓말을 한 것으로 생각하지 않는다. 그때 그 순간, 그가 내 말에 동조한 것은 진심이었을 것이다. 적어도 그 순간에는 말이다. 하지만 상황이 바뀌고 시간이 지나면 생각과 마음이 달라졌을 가능성이 있다.

이러한 비슷한 상황들을 몇 번 겪으며 나는 '누군가 어떤 순간에 하는 말들이 반드시 지켜지는 것은 아니다'라는 생각을 더욱 굳히게 되었다. 시간이 지나고 상황이 바뀌면 그 말이 달라질 수도 있는 것이다.

회사에 새로운 책임자가 왔을 때 그의 부임을 축하할 겸 열린 회식에서 끝날 무렵, 그가 이렇게 말했다.

"우리 팀의 좋은 분위기를 위해 앞으로 한 달에 한 번, 회식을 할 생각입니다."

그때 나는 속으로 '저분이 이런 말을 하는 것은 이 순간에는 진심일 테지만 그의 말대로 될 것이라고 완전히 믿을 필요는 없다'고 생각했다. 실제로 6개월이 지난 지금까지 진행된 회식은 없다. 오해는 말자. 회식을 해야 한다는 것이 아니라 누군가의 말과 다짐은 그 순간에만 유효한 것일 수 있다는 점을 강조하고 싶은 것이다.

스탠포드대학교 심리학과 리 로스 교수와 미시간대학교 심리학과 리차드 니스벳 교수가 공동 집필한 《사람과 상황 (The Person and The Situation)》에서는, 사람들이 다양한 사회적 약속을 맺은 후의 실제 행동을 관찰하여 약속과 실제 행동 사이에 어떤 차이가 발생하는지를 소개했다. 연구결과에 따르면, 참가자들은 약속한 내용을 실제로 잘 이행하지 않는 경향을 보였다.

예를 들어, 참가자들이 '환경 보호를 위해 녹색 제품을 구매할 것이다'라는 약속을 했지만 실제로는 일반적인 제품을 구매하는 경우가 많았다. 이러한 결과를 통해서 알 수 있는 것은, 사람들이 자신의 의도나 태도를 표명하는 그 순간에는 어떤 사회적 압력이나 상황적 요인에 의해 영향을 받을 수 있지만 막상 실제 행동을 하는 시점에서는 상황적 요인이나 다른 요소들에 의해 영향을 받을 수 있다는 것이다.[65]

위의 연구 내용을 참고한다면 나의 직장동료는 처음 대화를 할 때 어떤 분위기에 못 이겨 나의 생각에 동조했던 것일 수 있고, 그 이후에는 또 다른 상황을 만나 처음과는 다른 의견을 제시했던 것일 수 있다. 한 달에 한 번 회식을 하겠다던 책임자는 처음 그 다짐을 할 때 그렇게 말을 해야 할 것 같은 느낌에 그런 말을 했지만 시간이 지나고 보니, 실제로 그렇게 하지 않는 것이 좋다고 생각했을 수 있다.

어쨌든 중요한 것은 누군가 지금 당신에게 하는 말이 나중에 그대로 지켜질 것이라고 완전히 믿지는 말자. 그 마음은 진심일 수 있지만 시간이 흐르면서 상황은 변할 수 있기 때문이다. 마음도 변할 수 있기 때문이다. 단순하게 이렇게 생각해보자.

'이 사람이 지금 이런 말을 하는 것은 이 순간, 진심일 수 있다. 하지만 그대로 될지는 두고 봐야 한다.'

고대 그리스의 정치인, 법률가, 시인이었던 솔론은 다음과 같은 말을 했다고 전해진다.

"믿되 검증하라."

사람들에게 믿음과 신뢰를 가지되, 누군가 하는 말을 무조건 받아들이지 말고 검증하고 판단하는 태도를 강조하는 말이다. 다시 한번 말하지만 누군가가 당신에게 하는 말은 그 순간 진심일 수 있다. 하지만 시간이 지나고 상황이 바뀌면 그 말이 실제로 지켜지지 않을 수도 있다는 점을 명심하자.

웃으면서
할 말 다하는 것의 힘

누군가에게 싫은 소리를 해야 하거나 부탁을 해야 할 때가 있다. 무언가를 건의하거나 요청을 해야 할 때도 있다. 하지만 상대방의 반응이 걱정된다. 상대방이 기분 나빠할 수도 있고, 분위기가 안 좋아질 수도 있다는 생각 때문이다.

나는 이런 상황을 집에서도 종종 경험한다. 나는 아내와 종종 다툴 때가 있다. 물론 다투고 싶지 않지만 종종 그렇게 된다. 함께 살면서 나에게는 신경 쓰이는 행동들이 아내에게서 보일 때가 있다. 예를 들면, 화장실 불을 켜둔 채 그냥 나온다던가, 강아지 사료가 다 떨어지기 전에 미리 주문해놓지 않아 강아지가 의도치 않은 강제 다이어트(?)를 하게 된다던가, 빨래가 며칠간 소파 위에 방치된 채 춤을 추고 있다던가 하는 모습들이다. 물론 사소한 것이라면 사소한 것들이다. 그런데 어쩌겠는가? 그러한 모습들이 내겐 신경이 쓰인다.

화장실에서 나올 땐 불을 끄고 나오면 되고, 강아지 사료가 다 떨어질 때쯤이면 미리 주문하면 되고, 빨래가 다 말랐으면 개켜서 서랍장에 넣으면 될 텐데 말이다. 내가 있을 땐 내가 먼저 알아서 하는 일들이다. 내가 집에 없을 때 이런 상태가 되는 걸 말하는 것이다. 커다란 싸움은 항상 이러한 사소한 문제들로부터 발생한다. 내가 이런 것들에 대해서 이야기를 꺼내면 아내는 대부분 신경질적이고 공격적인 반응을 했다.

"아, 됐어. 당신이나 똑바로 해."

아내에게서 이런 말을 들으면 할 말이 없어진다. 그럼 난 어떻게 하면 좋을까? 내가 매번 달려가 화장실 불을 꺼줄 수는 없다. 나는 주중에는 일 때문에 집을 비워서 강아지 사료가 떨어지기 전 이를 매번 확인하기도 어렵다. 건조가 다 된 빨래를 그때마다 내가 다 정리하기도 어렵다. 빨래를 개어주는 기계는 왜 개발되지 않을까, 하는 생각이 들 정도다. 이런 것들은 현실적으로 어렵다. 그럼 그냥 참고 살아야 하나? 그것도 어렵다. 못 본 척하기엔 너무 잘 보이는 모습들이다.

그럼 방법은 하나다. 얘기하되 상대방이 기분 나쁘지 않게, 격분하지 않게 얘기를 하는 것이다. 전달하고 싶은 메시지를 전달하되 상대방의 반발심이 일어나지 않게 말하는 것이다. 그런 방법이 있을까? 있다. '웃으며 말하기'를 활용하면 된다. 웃으며 말하는 사람에게는 화를 내기 어렵다. 웃으며 말하는 사람에게 화를 내는 것은 본인이 생각해도 이상하게 느껴질 수 있기 때문이다.

심리학에는 '인지부조화(Cognitive Dissonance)'라는 이론이 있다. 자신의 생각과 행동이 일치하지 않는 상태, 즉 조화롭지 않은 상태에 있다면 불편함을 느끼는 심리적 상태를 말한다. 예를 들어 '나는 환경에 관심이 많고 환경친화적인 사람이다'라는 생각을 가지고 있는 사람이 있다고 가정해보자. 근데 그 사람이 회사 야유회에서 어쩔 수 없이 종이컵과 일회용 플라스틱 수저를 사용하게 되었다. 이때 그는 불편함을 느낄 것이다. 평소 자신은 자연을 생각하고 환경 살리기에 동참하고 있는 사람인데, 정작 종이컵과 같은 일회용품을 사용하고 있으니 말이다. 그래서 사람들은 생각과 행동이 조화롭지 않은 상태에 있을 때 이를 일치를 시키려는 경향이 있다.

웃는 얼굴로 말하는 사람에게 화를 내기 힘든 이유도 이런 맥락에서 설명할 수 있다. 사람은 대부분 '나는 상대의 감정과 표정에 적절히 반응한다'라고 생각하는 경향이 있다. 그런데 웃으며 말하는 사람에게 반발심을 표현하거나 화를 내는 것은 평소 생각과 맞지 않는 행동이기에 불편함을 느낄 수 있다. 쉽게 말하면 웃는 사람에게 화를 내는 것은 자신이 생각해도 맞지 않는 것이다. 상대방이 말하는 내용이 설령 기분 나쁠 수 있는 내용이어도 말이다. 어쨌든 그는 웃으며 말하고 있지 않은가? 그에게 공격적, 적대적, 반항적 태도를 보이는 것은 자신이 생각해도 이상하게 느껴질 수 있는 것이다. 그래서 나는 아내가 싫어할 만한 내용이지만 꼭 하고 싶은 말이 있을 땐 이런 식으로 얘기한다.

"(밝게 웃는 표정으로) 여보, 화장실에 불 또 켜고 나왔네. 하하하. 우리 집 전기세는 다 화장실에서 나가겠어. 하하하."

"(최대한 밝게) 여보, 우리 집 뎅뎅이를 다이어트 시키려고 그런 거지? 하하. 그러다 굶어 죽으면 어떡하려고, 하하하."

"(입가에 미소를 머금고) 여보, 빨래가 소파에서 며칠째 춤도 추고 잠도 자고 그러네. 하하하."

이렇게 약간의 유머를 섞어서 밝게 웃으면서 얘기할 땐 아내가 반발하는 모습이 확연히 줄어든다. 참 신기하다. 아내는 별말 없이 화장실 불을 끄거나 빨래를 치우기도 한다. 물론 그런 모습이 오랫동안 지속되지는 않지만 어쨌든 효과는 있다.

이와 관련된 실제 연구결과도 있다. 미국 콜로라도대학교 심리학과 피터 매그로우 교수가 진행한 유머의 기능에 관한 연구에 따르면, 사람들이 유머를 사용하여 부정적인 감정을 다루거나 표현할 때 그들의 의도가 상대에게 높은 수준의 사회적 허용성을 갖는다고 한다. 특히 자신이 하고 싶은 말을 유머와 함께 웃음으로 감싸서 하는 경우, 상대방이 공격적인 반응을 덜 보이는 경향이 있었다.[66]

이처럼 약간의 웃음과 유머를 섞어서 이야기하면, 갈등을 예방하고 상호작용을 매끄럽게 만드는 효과가 있다. 누군가에게 싫은 소리를 해야 할 때, 상대방이 기분 나쁠 수도 있는 얘기를 해야 할 때는 웃음과 유머를 섞어서 말해보면 어떨까?

"에이, 대리님 왜 또 그러세요. 저번에도 말씀드렸던 건데. 하하하."

"저번에 당신이 그렇게 그대로 한 건데, 하하하."

"아침조회 취소되면 미리 좀 말해달라고 부탁드렸었는데, 하하. 진작 알았으면 안 왔을 텐데요. 하하 저 여기까지 오는 데만 20분 걸려요. 하하하."

웃음과 유머는 말의 내용을 아름답게 감싸는 최고의 포장
재이다. 그 안에 들어 있는 음식이 상대에게는 별로 맛없게
느껴지는 음식이라 해도 말이다.

열등감이
관계에 미치는 영향

K씨는 30대 초반 직장인 남성이다. 그는 조직생활 적응에 어려움을 겪고 있었다. 특히 대인관계에 있어서 어려움을 겪고 있었다. 그는 신입사원 시절부터 직장동료, 상사 등에 대해 별 관심이 없었다. 신입사원이라면 눈치를 볼 만도 한데, 남들의 시선은 별로 신경 쓰지 않고 자기가 하고 싶은 대로, 할 일만 잘하면 된다고 생각하고 일했다. 대인관계에 대한 욕구가 없어 보였다. 하지만 처음부터 그가 그랬던 것은 아니었다.

그는 학창 시절에 소위 잘나가는 일진이었다. 체격도 또래에 비해 큰 편이고, 리더십도 있어 친구들 사이에서 인기도 많았다. 그런 만큼 자신감도 컸고 대인관계 있어 만족감도 높았다. 그런데 시간이 갈수록 체격적인 면에서 그는 성장이 더뎠다. 반면, 친구들은 나날이 빠른 속도로 성장해서 그는 더 이상 또래 중에 체격이 좋은 편도 아니게 되었다. 게다가 그는 다한증을 앓고 있어서 이성친구와의 교제에 있어서도 심리적 위축감이 들었다. 그때부터 그는 서서히 친구들과 멀어지기 시작했다. 그러던 어느 날 중학생이던 그는 복도 한가운데에 서서 친구들을 향해 소리쳤다.

"나 이제부터 공부해서 ○○대학 갈 거니까 앞으로 나한테 말도 걸지 말고, 나를 아는 척하지도 마!"

그는 그렇게 자신을 스스로 고립시켰다. 그가 예전에 느꼈던 우월감은 어느덧 열등감으로 바뀌어 있었다. 그 이후로 학창 시절 내내 친구 없이 홀로 지냈다. 외롭고 쓸쓸했다. 가끔 높은 곳에 올라갈 일이 있을 땐 '여기서 떨어져서 죽으면 어떨까?' 하는 생각이 들기도 했다. 그래도 여전히 열등감과 좌절감이 그를 지배하고 있어서 다시 친구들과 가까워질 수 없었다.

알프레드 아들러는 개인심리학(Individual Psychology) 이론을 통해 인간의 행동을 이해하려면 개인의 목표와 동기를 주목해야 한다고 했다. 특히 목표를 설정하고 동기가 일어나는 과정에서 콤플렉스가 중요한 역할을 하며, 그중 열등감 콤플렉스가 있는 사람이라면 자신을 낮게 평가하고 불완전하다고 느끼는 경향이 있다고 했다. 이러한 열등감을 느끼면 이를 해소하고 보상받기 위해 더욱 노력을 기울이고 성취를 추구한다는 것이다. 자신의 부족함을 보완하고, 타인에 비해 뛰어난 영역을 찾아 성취를 이루려는 욕구가 강하게 작용하기 때문이다.

K씨의 경우에는 자신의 열세한 체격, 땀을 과하게 흘리는 증상 등 신체적 열등감을 극복하기 위해 유명 대학 진학을 목표로 삼았던 것으로 볼 수 있다. 열등감을 보상받고 싶었던

그의 욕구는 성인이 되어서도 이어졌다. 회사생활을 하는 동안에도 주경야독의 노력으로 대학원과 MBA 과정을 마쳤다. 분명 쉽지 않은 일이었을 것이다.

열등감이 있는 사람이 이를 보상받기 위해 새로운 목표를 세우고, 노력을 다하는 것 자체는 칭찬받아 마땅한 일이다. 하지만 거기에 너무 치중하다 보면 주위 사람과의 교류를 등한시하고 스스로를 고립시키는 결과를 초래할 수 있다. 아들러의 이론에 따르면, 열등감을 보상받기 위해 지나치게 자신의 개인적 목표에만 집중하는 사람은 자신과 다른 사람들을 끊임없이 비교하고 경쟁관계에 두기 때문에 친근한 관계를 맺는 것보다는 자신의 목표 달성과 성취감만을 중요시할 수 있다.

미국 시카고대학교 사회신경과학자 존 카치오포 교수는 연구를 통해 사회적 고립이 외로움, 우울감, 불안, 자아존중감 저하 등과 관련되어 있으며, 이로 인해 심리적 문제와 삶의 질 저하가 발생할 수 있다는 점을 발견했다.[67]

나는 K씨를 상담하며 이런 생각이 들었다.

첫 번째, 우리 자신이 현재 누가 보기에도 '잘나가는 상태'라고 하더라도 기고만장하지 말아야 한다는 점이다. 지금은 모든 일이 순조롭고 잘되어 자신감이 하늘을 향해 뻗어나가지만 그런 상황이 항상 지속되리라는 법은 없다. 당연한 얘기이지만 막상 이런 상황이 되면 우린 자신감, 성취감에 취해 이 점을 종종 잊는다. 그러므로 잘나가는 것 같을 때 한 번쯤은 이런 점도 생각해보면 좋겠다. 성공한 느낌, 이룬 느낌, 무엇이라도 다 해낼 것 같은 느낌에만 심취하다 보면 나중에 그러한 상황이 끝났을 때 더 큰 상실감, 패배감, 박탈감 등을 경험할 수 있다.

산이 높으면 골짜기도 깊은 법이다. 높이 올라가는 만큼 많이 떨어지는 법이다. 그러므로 지금 자신이 너무 만족할 만한 상태에 있고, 잘나가는 듯해도 언제나 그 상태가 유지될 것이라는 생각은 경계해야 한다. 그러한 상태가 언젠가 종료될 수도 있음을 항상 인지하고, 겸손하게 생각하며 대안을 미리 마련하는 것이 나을 것이다. 그래야 높은 곳에서 내려왔을 때 충격을 덜 받을 수 있고, 다시 힘을 낼 수 있는 용기를 가질 수 있다.

두 번째, 자신이 지금 추구하고 매달리고 있는 목표가 혹시라도 자신의 열등감에서 비롯된 것은 아닌지 생각해봐야 한다는 점이다. 앞서 말했듯 물론 그 자체가 나쁘다는 것은 아니다. 이유가 어찌 되었든 목표를 설정하고, 그 목표를 달성하기 위해 최선의 노력을 다하는 것은 분명 의미 있고 가치 있는 일이다. 하지만 그 목표를 달성하기 위해 자신만 생각하고 주위 사람들을 돌아보지 않는다면 그것은 스스로를 고립시키는 행위다.

K씨처럼 대인관계에 있어서 어려움을 겪고 조직에 부적응을 겪을 가능성이 높다. 그렇게 활발하고 당당했던 아이가 성인이 돼서 사람을 불편해하고 사람을 피하게 될 줄 누가 알았겠는가? 사람은 사회적 동물이다. 아무리 내향적이고 부끄러움을 잘 타는 성격의 사람도 최소한의 인간관계는 맺으며

살아가야 한다. 어느 정도는 어울려 살아갈 수밖에 없다.

독일의 철학자 프리드리히 니체는 이렇게 말했다.

"나는 나 자신이 되기 위해 다른 사람이 필요하다."

이 말은 자신을 찾고 자아를 실현하는 과정에서조차 다른 사람이 필요함을 역설한다. 그만큼 자신뿐만 아니라 타인과의 관계도 중요함을 강조한 말이다. 이렇듯 우리는 타인이 필요한 존재다. 혼자서만 살아가기엔 누군가를 너무나도 그리워할 수밖에 없는 존재다. 다른 사람과의 소통에도 힘써야 하는 이유다. 당신이 지금 추구하고 있는 목표는 어떤 감정에서 비롯된 것인지, 그 목표를 추구하는 과정에서 혹시라도 주위 사람에게 소홀하지는 않았는지 생각해봤으면 좋겠다.

말투에
<u>마음이 묻어난다</u>

30대 초반 S씨는 주위 동료들로부터 "너는 왜 이렇게 다른 사람을 배려하지 않느냐? 네 말투는 왜 이리 공격적이냐?"는 말을 자주 들었다. 그녀는 그런 말을 듣는 것이 스트레스였다. 자기 딴에는 상대를 배려하는 행동을 한다고 했는데 왜 그런 말을 듣는 것인지 이해하기 어려웠다. 또, 대화 중에 자신은 요점만 말했을 뿐인데 왜 말투를 지적당하는지 알 수 없었다. 그녀에게는 어떤 일이 있었던 걸까?

그녀는 초등학생 시절부터 책 읽기를 좋아했다. 혼자 책

읽는 시간을 즐기다 보니 친구들과 어울릴 기회가 많지 않았다. 고학년 때는 혼자 지내는 시간이 오히려 편했다. '초등학생이 혼자 지내는 게 편하다니?' 난 그 얘기를 들으면서 조금은 의아했다. 문제는 중고등학생 때 발생했다. 줄곧 혼자 지내는 패턴을 유지하다 보니 친구 한 명 없는 외톨이 신세가 된 것이다.

물론 의도한 건 아니었다. 하지만 혼자 지내는 게 편하고, 혼자 책 보는 시간을 좋아하다 보니 자연스레 그렇게 된 것이다. 사람들을 대하는 법, 사람들과 대화하는 법, 좋은 감정이나 싫은 감정을 표현하는 법을 제대로 익힐 경험이 부족했다. 사람들 사이에서 발생할 수 있는 갈등을 다루는 데에도 서툴렀다. 사회성을 발달시킬 경험을 제대로 가지지 못한 듯했다. 자신의 말과 행동이 타인에게 어떻게 비칠 수 있는지를 모르고 있는 것 같았다.

그녀는 자신의 말투를 고치고 싶어 했다. 주위 사람들과 갈등을 빚는 원인이 자신의 말투에 있다고 생각했다. 물론 말투가 원인일 수는 있다. 말투로 인해 주위 사람들이 실제로 기분 나빠하는 것 같기는 했으니까 말이다. 자신의 말투를 고치면 동료들과 갈등을 해결할 수 있다고 생각했다.

하지만 그것이 근본적 해결책이 될 수 있을까? 그렇지 않다. 말투를 고치기 전에 마음을 먼저 바꿔야 하기 때문이다. 그가 실제로 주변 사람들과 잘 지내보고 싶은 마음이 있는지 스스로 파악해보는 것이 중요하다. 실제로는 잘 지내고 싶은 욕구나 마음이 없다면 한계가 있다. 마음은 그대로인데 말투만 바꾼다고 근본적인 해결이 될 수는 없다. 말투에도 진심이 묻어나오기 때문이다. 상대방은 안다. 이 사람이 나에게 정말 호의를 가지고 좋게 말을 하는 것인지, 마음은 그렇지 않은데 말만 좋게 하는 것인지를 말이다.

말하는 톤, 강세, 억양, 음성의 높낮이, 속도, 세기 등에 그 사람의 솔직한 마음이 고스란히 담길 수 있다. 가식으로 이 모든 것을 통제할 수는 없다. 결국 마음이다. 결국 진심이 여기에 표현된다.

그러므로 당신이 누군가와 갈등을 해결하고 싶다면, 누군가와 관계를 개선해보고 싶다면 단순히 말투나 행동만 바꾸어 해결하려고 하면 안 된다. 근본적 마음을 바꿔야 한다. 마음은 그렇지 않은데 말투만 바꾼다고 해서 근본적 관계 개선을 이룰 수 없다. 누군가와 관계를 정말 개선해보고 싶다면 마음을 바꾸려고 노력해야 한다는 의미다. 관계를 그냥 더 악화되지 않을 정도로만, 이대로만 유지만 하고 싶다면 말투나 행동만 바꿔도 될 것이다. 하지만 그 이상의 관계를 원한다면 마음도 바꿔야 한다.

미국 텍사스대학교 심리학과 교수 제임스 펜베이커는 개인의 사회적 연결성(Social Connectedness)과 말투의 연관성에 대해 연구했다. 사회적 연결성이란 대인관계에서의 상호작용, 자신의 감정이나 의견을 적극적으로 표현하고 활발한 의사소통을 이루는 정도를 뜻한다. 연구결과에 따르면, 사회적 연결성이 높은 사람들은 대화에서 더 표현적이고 정서적인 말투를 사용하는 경향이 나타났다.[68]

즉 타인과 적극적 관계를 맺고 활발한 의사소통을 할 의지가 있는 사람은 말투에도 그러한 마음이 묻어나올 가능성이 높다는 의미이다. 당신이 누군가에 대해 불편함을 느끼고 있다면 그것이 알게 모르게 말투에 묻어나올 것이다. 겉으로는 아닌 척 말투만 바꾼다면 자신에게도 피곤한 일일뿐더러 어느 순간에는 본심이 불쑥 튀어나오고 말 것이다. 그런 상황을 계속 유지할 것인지, 아니면 관계를 개선해보고 싶은지 먼저 생각해봐야 한다.

'나는 그 사람과 정말 좀 더 친해지고 싶은 마음이 있는가? 아니면 단순히 지금보다 더 악화되지 않기를 바랄 뿐인가?'

만약 정말로 좀 더 친해지고 싶은 마음이 있다면 말투가 아닌 마음을 먼저 바꿔봤으면 좋겠다. 정말로 좀 더 친해지고 싶은 마음을 그대로 드러냈으면 좋겠다. 그런 마음이 있다면 말투, 눈빛, 행동에 그런 마음이 자연스레 보일 것이기 때문이다.

앞에 언급했던 S씨에게는 이런 일이 있었다. 자기 자리에 앉아 책을 보고 있는데, 누군가 그녀를 불렀다. 그녀는 책에서 눈을 떼지 않은 채 대답했다.

"어, 왜?"

상대방은 황당하고 기분 나빴을 것이다. 사람이 불렀는데 고개도 돌리지 않고 눈도 안 마주치고 '어, 왜?'라는 짧은 대답을 들었으니 말이다. 다시 그녀를 부르고 싶은 마음이 들겠는가? 이런 점은 S씨도 알고 있었다. 하지만 어떻게 대응해야 할지 몰랐다. 지금껏 살아오며 누군가가 자신의 이름을 부르는 일 자체가 많지 않아서 그 상황이 익숙하지 않았기 때문이다. 그녀에게도 동료들과 관계를 개선해보고 싶은 마음은 있었다. 좀 더 친밀한 관계로 나아가고 싶은 마음은 있었다. 그래서 나는 그녀에게 단순히 말투가 아닌 마음을 바꿔서 그 마음을 순간순간 그대로 표현해볼 것을 제안했다.

여러분도 누군가와의 관계를 개선해보고 싶다면, 단지 말투가 아닌 마음을 바꾸려 해보자. 그렇게 변화된 마음을 있는 그대로 표현하려 노력해보자. 타인과 관계를 만들고 개선하는 근본적이고 효과적인 방법이 될 것이다.

1세기경 로마 시대 시인 푸블릴리우스 시루스의 격언집에는 이런 구절이 있다.

"말은 마음의 창이다."

기억하자. 말투는 마음을 표현하는 창이 될 수 있다. 누군가와의 관계를 개선해보고 싶다면 그 사람에게 전달되는 창을 바꿀 것이 아니라, 그 창의 근본인 마음 자체를 바꿔야 함을 말이다. 마음을 바꾸면 말투는 저절로 해결된다. 진심만큼 중요한 것은 없다. 마음은 말투보다 진심이다.

언제나 남들과
같은 속도로 뛸 수는 없다

어떤 활동에 참여하다가 부득이한 사정으로 중간에 빠져야 하거나 끝내 마무리를 하지 못하는 경우가 있다. 회사에서 하는 중요한 회의에 개인적 일정이 생겨서 참석하지 못할 수도 있고, 사정이 생겨 중요한 시험을 치르지 못하게 될 수도 있다. 대학원을 졸업하지 못하고 수료로 남는 경우도 있고, 군대에서 만기전역을 하지 못하고 중간에 전역하게 되는 때도 있다. 피치 못할 사정 때문이지만 끝까지 해내지 못한 것에 대해 큰 스트레스를 받고, 깊은 좌절감을 느끼는 사람들이 있다.

P씨가 그랬다. P씨는 20대 중반의 군 복무 중인 남성으로 무릎 통증에 시달리고 있었는데, 그 때문에 단체활동에서 빠질 때 우울감을 느껴 내게 찾아왔다. 하루 일과시간에도 그렇지만 특히 모두가 함께 뛰는 일명 '런 데이(Run Day)'에서 제외될 때마다 그는 '이럴 거면 내가 여기 있어서 뭐 하나' 하는 생각이 들었다고 했다. 자신이 그곳에 존재하는 것 자체가 의미가 없게 느껴진다고 했다. 충분히 공감이 가는 말이다. 이해가 가는 마음이다. 남들 다하는 활동인데 자신은 어떤 이유로 빠지게 되면 좌절감, 우울감, 무력감을 느낄 수 있다. 그런 마음은 이해가 간다. 그런데 정말 그럴까? 남들 다 하는 활동에 빠진다고 해서 내가 그 자리에 있을 필요가 아예 사라지는 것일까?

남들이 뛸 때 꼭 같이 뛰어야 하는 것은 아니다. 남들이 뛸 때 나도 뛸 수 있으면 나도 뛰는 것이고, 사정이 있어서 뛰지 못하면 그뿐이다. 남들이 할 때 함께 할 수 있는 것도 단체생활의 일부이고, 남들이 할 때 빠지게 되는 것도 단체생활의 일부이다. 단지 눈치가 좀 보일 수 있고, 무기력감이 들 수는 있다. 하지만 그것이 내 존재 이유까지 뒤흔든다면 생각을 바꿔야 한다. P씨처럼 군 생활뿐만 아니라 가족생활, 회사생활 등 다양한 종류의 단체생활에 확대 적용해볼 수 있다.

회사생활을 예로 들어보자. 회사에서 모든 활동에 빠짐없이 참여하는 것은 중요하지만 때로는 업무의 우선순위, 시간의 한계, 개인적 상황 등으로 인해 모든 활동에 참여하는 것이 어려울 수 있다. 이런 경우에는 주어진 환경과 상황을 고려하여 우선순위를 정하는 것이 중요하다. 그렇게 하더라도 중요한 활동에서 부득이하게 빠지게 되는 경우는 얼마든지 있을 수 있다. 이것 자체가 모든 사회생활의 일부이다. 이것 자체가 과정의 일부다.

모든 과정에 완벽하게 참여해야 한다는 생각이 너무 강하면 이는 완벽주의적 성향으로 발전할 수 있다. 자그마한 흠도 인정하지 않는 완벽주의는 스스로를 지치게 만든다. 완벽주의는 해야 할 일과 업무에 오히려 부정적 영향을 끼칠 수 있다. 영국 더럼대학교 심리학과 퓨샤 시로이스 교수의 연구에 따르면, 완벽주의적 성향이 있는 사람들은 모든 일을 완벽하게 해내려는 욕구가 강해서 업무의 우선순위를 구분하지 못하고, 집중력이 분산되며, 오히려 업무를 미루게 되는 경향이 있었다. 이로 인해 성과가 저하되고, 스트레스와 불안이 증가하는 결과가 나타났다.[69]

완벽주의는 모든 것을 완벽하게 해내려고 하는 것이 문제다. 몸은 하나고, 시간도 제한적인데 어떻게 모든 일을 완벽히 해낼 수 있는가? 어떻게 단 한 번의 빠짐도 없을 수 있단 말인가? 모든 것을 잘하려고 한다는 것의 의미는 일의 우선순위를 정하지 못한다는 의미와 같다. 일의 우선순위를 고려하지 못하고, 자신의 기준에 못 미칠 때 스트레스와 불안을 경험할 가능성이 높아지는 것이다.

P씨의 경우도 마찬가지다. 신체적 제한 사항으로 인해 부득이 훈련, 작업, 체력 단련에 열외가 있을 수 있음을 받아들이지 못했다. 빠질 수도 있다는 사실을 받아들이지 못하고 자기를 비난하고, 무기력을 경험하게 되었던 것이다.

우리에게 일어나는 모든 일을 우리가 원하는 대로 처리할 수는 없다. 그중에는 내가 끝까지 해낼 수 있는 일도 있고, 중간에 그만둬야 하는 일이 있을 수도 있다. 모든 일에 빠짐없이 참여하고 끝까지 해내야 하는 것은 아니다. 그러기에 우선순위라는 것이 있는 것이다. P씨가 자신의 무릎 상태를 무시하고 남들이 뛸 때 자신도 뛰었다면 어떻게 되었을까? 전 과정을 빠지지 않고 함께 했다는 기쁨보다는 무릎의 통증이 악화되어 더한 신체적, 정신적 고통에 빠졌을 가능성이 높다. 그런 경우에는 신체적 안정을 우선시하여 중간 과정을 빠진 것이 현명한 선택이다. 우선순위를 잘 따져 대응한 것이다. 그로 인해 무력감, 우울감, 무가치함을 느낄 필요는 없다.

여러분도 마찬가지다. 부득이 어떤 활동에, 어떤 과정에 빠지게 되더라도 너무 낙담하지는 말자. 어차피 완벽히 모든 일을 잘 해낼 수는 없다. 어차피 모든 상황을 통제할 수는 없다. 다음은 '평온의 기도문(Serenity Prayer)'이다.

"내가 바꿀 수 없는 것을 받아들이는 평온함을 주시고,
내가 바꿀 수 있는 것을 바꿀 수 있는 용기를 주시고,
이 둘의 차이점을 구별할 수 있는 지혜를 주소서."

자신이 통제할 수 없는 상황들을 받아들이고 평온함을 유지하는 당신이 되었으면 좋겠다. 우선순위를 잘 헤아려 더 의미 있고 가치 있는 일을 하는 것에 만족하는 당신이 되었으면 좋겠다. 그러한 과정에서 어떤 과정은 건너뛰거나 하지 못하게 되는 것, 그것 자체가 진정한 완벽함의 일부라는 것을 잊지 않는 당신이 되면 좋겠다.

참 고 문 헌

1 Kirmayer, L. J., Groleau, D., Looper, K. J., & Dao, M. D. (2004). Explaining medically unexplained symptoms. Canadian Journal of Psychiatry, 49(10), 663-672.

2 Leary, M. R., & Kowalski, R. M. (1995). Impression Management: A Literature Review and Two-Component Model. Psychological Bulletin, 116(1), 34-47.

3 Leary, M. R., & Baumeister, R. F. (2000). The nature and function of self-esteem: Sociometer theory. In M. P. Zanna (Ed.), Advances in experimental social psychology (Vol. 32, pp. 1-62). Academic Press.

4 Moller, N. P., Deci, E. L., & Ryan, R. M. (2006). Choice and ego-depletion: The moderating role of autonomy. Personality and Social Psychology Bulletin, 32(8), 1024-1036.

5 Gilbert, P., Clarke, M., Hempel, S., Miles, J. N. V., & Irons, C. (2004). Criticizing and reassuring oneself: An exploration of forms, styles and reasons in female students. British Journal of Clinical Psychology, 43(1), 31-50.

6 Stuewig, J., Tangney, J. P., Kendall, S., Folk, J. B., Meyer, C. R., & Dearing, R. L. (2007). Children's proneness to shame and guilt predict risky and illegal behaviors in young adulthood. Child

psychiatry and human development, 38(4), 363-375.

7 Tedeschi, R. G., & Calhoun, L. G. (1995). The Posttraumatic Growth Inventory: Measuring the positive legacy of trauma. Journal of Traumatic Stress, 9(3), 455-471.

8 Lucas, R. E., Diener, E., & Suh, E. (1996). Discriminant validity of well-being measures. Journal of Personality and Social Psychology, 71(3), 616-628.

9 Leary, M. R., Tambor, E. S., Terdal, S. K., & Downs, D. L. (1995). Self-esteem as an interpersonal monitor: The sociometer hypothesis. Journal of Personality and Social Psychology, 68(3), 518-530.

10 Wegner, D. M., Schneider, D. J., Carter, S. R., & White, T. L. (1987). Paradoxical effects of thought suppression. Journal of Personality and Social Psychology, 53(1), 5-13.

11 Hayes, S. C., Strosahl, K. D., & Wilson, K. G. (2011). Acceptance and Commitment Therapy: The Process and Practice of Mindful Change. Guilford Press

12 Carstensen, L. L., Isaacowitz, D. M., & Charles, S. T. (1999). Taking time seriously: A theory of socioemotional selectivity. American Psychologist, 54, 165-181.

13 World Health Organization. (2020). Depression and Other Common Mental Disorders: Global Health Estimates. Geneva: WHO.

14 Keng, S. L., Smoski, M. J., & Robins, C. J. (2011). Effects of mindfulness on psychological health: A review of empirical studies.

Clinical Psychology Review, 31(6), 1041-1056.

15 Tol, A.J.M. & Edwards, Jane. (2015). Listening to sad music in adverse situations: How music selection strategies relate to self-regulatory goals, listening effects, and mood enhancement. Psychology of Music. 43. 473-494. 10.1177/0305735613517410.

16 Gross, J. J., & John, O. P. (2003). Individual differences in two emotion regulation processes: Implications for affect, relationships, and well-being. Journal of Personality and Social Psychology, 85(2), 348-362.

17 Joormann, J., & Gotlib, I. H. (2010). Emotion regulation in depression: Relation to cognitive inhibition. Cognition & Emotion, 24(2), 281-298.

18 Wood, A. M., Linley, P. A., Maltby, J., Baliousis, M., & Joseph, S. (2008). The authentic personality: A theoretical and empirical conceptualization, and the development of the Authenticity Scale. Journal of Counseling Psychology, 55(3), 385-399.

19 Steel, P. (2007). The nature of procrastination: A meta-analytic and theoretical review of quintessential self-regulatory failure. Psychological Bulletin, 133(1), 65-94.

20 Sirois, F. M., & Pychyl, T. A. (2013). Procrastination and the priority of short-term mood regulation: Consequences for future self. Social and Personality Psychology Compass, 7(2), 115-127.

21 Green, L., & Myerson, J. (2004). A discounting framework for choice with delayed and probabilistic rewards. Psychological

bulletin, 130(5), 769-792.

22 Coricelli G, Critchley HD, Joffily M, O'Doherty JP, Sirigu A, Dolan RJ. Regret and its avoidance: a neuroimaging study of choice behavior. Nat Neurosci. 2005 Sep;8(9):1255-62.

23 Zeelenberg, M., Nelissen, R. M., Breugelmans, S. M., & Pieters, R. (2008). On emotion specificity in decision making: Why feeling is for doing. Judgment and Decision Making, 3(1), 18-27.

24 Roese, N. J., & Summerville, A. (2005). What we regret most... and why. Personality and Social Psychology Bulletin, 31(9), 1273-1285.

25 Bandura, A., & Wood, R. (1989). Effect of perceived controllability and performance standards on self-regulation of complex decision making. Journal of Personality and Social Psychology, 56(5), 805-814.

26 Heatherton, T. F., & Polivy, J. (1991). Development and validation of a scale for measuring state self-esteem. Journal of Personality and Social Psychology, 60(6), 895-910.

27 Rosenberg, M. (1965). Rosenberg Self-Esteem Scale (RSES) https://wwnorton.com/college/psych/psychsci/media/rosenberg.htm

28 Epley, N., & Whitchurch, E. (2008). Mirror, mirror on the wall: Enhancement in self-recognition. Personality and Social Psychology Bulletin, 34(9), 1159-1170.

29 Wood, J. V., Perunovic, W. Q. E., & Lee, J. W. (2014). Positive

self-statements: Power for some, peril for others. Psychological Science, 25(3), 860-866.

30 MacIntyre, P. D., & Gardner, R. C. (1991). Language Anxiety: Its Relation to Other Anxieties and to Processing in Native and Second Languages. Language Learning, 41(4), 513-534.

31 Stivers, T., & Rossano, F. (2010). Mobilizing Response. Research on Language & Social Interaction, 43(1), 3-31.

32 Davis, M. H. (1983). Measuring individual differences in empathy: Evidence for a multidimensional approach. Journal of Personality and Social Psychology, 44(1), 113-126.

33 Moulding, R., Doron, G., Kyrios, M., & Nedeljkovic, M. (2008). Desire for control, sense of control and obsessive-compulsive checking: An extension to clinical samples. Journal of Anxiety Disorders, 22(8), 1472-1479

34 Watkins, E. R. (2008). Constructive and unconstructive repetitive thought. Psychological Bulletin, 134(2), 163-206.

35 Diener, E., & Seligman, M. E. (2002). "Very happy people." Psychological Science, 13(1), 81-84.

36 Rhéaume J, Freeston MH, Dugas MJ, Letarte H, Ladouceur R. Perfectionism, responsibility and obsessive-compulsive symptoms. Behav Res Ther. 1995 Sep;33(7):785-94.

37 Mikulincer, M., & Shaver, P. R. (2003). The attachment behavioral system in adulthood: Activation, psychodynamics, and interpersonal processes. In M. P. Zanna (Ed.), Advances in experimental social

psychology (Vol. 35, pp. 53-152). Academic Press

38 Kessler, R. C., Berglund, P., Demler, O., Jin, R., Merikangas, K. R., & Walters, E. E. (2005). Lifetime prevalence and age-of-onset distributions of DSM-IV disorders in the National Comorbidity Survey Replication. Archives of General Psychiatry, 62(6), 593-602.

39 Lupien, S. J., Fiocco, A., Wan, N., Maheu, F., Lord, C., Schramek, T., & Tu, M. T. (2005). Stress hormones and human memory function across the lifespan. Psychoneuroendocrinology, 30(3), 225-242.

40 Pennebaker, J. W., & Chung, C. K. (2011). Expressive writing: Connections to physical and mental health. Oxford Handbook of Health Psychology, 417-437

41 Garrido, S., & Schubert, E. (2015). Music and People with Tendencies to Depression. Music Perception: An Interdisciplinary Journal, 32(4), 313-321. https://doi.org/10.1525/mp.2015.32.4.313

42 Frohnwieser, Anna & Hopf, Richard & Oberzaucher, Elisabeth. (2013). HUMAN WALKING BEHAVIOR - THE EFFECT OF PEDESTRIAN FLOW AND PERSONAL SPACE INVASIONS ON WALKING SPEED AND DIRECTION. Human Ethology Bulletin. 28. 20-28.

43 Belk, R. W. (1988). Possessions and the extended self. Journal of Consumer Research, 15(2), 139-168.

44 Tomkins, S. S., & McCarter, R. (1996). What and where are the primary affects? Some evidence for a theory. Perceptual and Motor Skills, 82(2), 711-746.

45 Strack, F., Martin, L. L., & Stepper, S. (1988). Inhibiting and facilitating conditions of the human smile: A nonobtrusive test of the facial feedback hypothesis. Journal of Personality and Social Psychology, 54(5), 768-777.

46 Zeelenberg, M., van Dijk, W. W., Manstead, A. S., & van der Pligt, J. (2000). "On bad decisions and disconfirmed expectancies: The psychology of regret and disappointment." Cognition and Emotion, 14(4), 521-541:

47 Lewicki, R. J., Polin, B., & Lount, R. B. (2016). "An exploration of the structure of effective apologies." Negotiation and Conflict Management Research, 9(2), 177-196.

48 Deci, E. L., & Ryan, R. M. (1985). Intrinsic Motivation and Self-Determination in Human Behavior. Berlin: Springer Science & Business Media.

49 Vansteenkiste, M., Lens, W., & Deci, E. L. (2006). Intrinsic versus extrinsic goal contents in self-determination theory: Another look at the quality of academic motivation. Journal of Educational Psychology, 98(1), 611-634.

50 Baumeister, R. F., Stillwell, A. M., & Heatherton, T. F. (1994). Guilt: an interpersonal approach. Psychological bulletin, 115(2), 243-267.

51 Spoor, S. T., Bekker, M. H., Van Strien, T., & Van Heck, G. L. (2007). Relations between negative affect, coping, and emotional eating. Appetite, 48(3), 368-376

52 Tangney, J. P., Stuewig, J., & Mashek, D. J. (2007). Moral emotions and moral behavior. Annual review of psychology, 58, 345-372

53 Murray, S. L., Holmes, J. G., & Griffin, D. W. (2000). Self-esteem and the quest for felt security: How perceived regard regulates attachment processes. Journal of Personality and Social Psychology, 78(3), 478-498.

54 Coyne, J. C. (1976). Depression and the response of others. Journal of Abnormal Psychology, 85(2), 186-193.

55 Clark, L. A., & Monroe, S. M. (1991). Responses to depressed individuals: Discrepancies between self-report and observer-rated behavior. Journal of Personality and Social Psychology, 61(3), 400-408.

56 Williams, K. D. (2007). Ostracism: The Power of Silence. Guilford Press.

57 Fondas, Nanette & Denison, Dan. (1991). Corporate Culture and Organizational Effectiveness. The Academy of Management Review. 16. 203. 10.2307/258613.

58 Carl Jung, "Aion: Researches into the Phenomenology of the Self" (Collected Works of C. G. Jung, Volume 9, Part 2).

59 Gross, J. J. (2002). Emotion regulation: Affective, cognitive, and

social consequences. Psychological Inquiry, 15(3), 173-218.

60 Jamieson, J. P., Nock, M. K., & Mendes, W. B. (2012). Mind over matter: Reappraising arousal improves cardiovascular and cognitive responses to stress. Journal of Experimental Psychology: General, 141(3), 417-422.

61 Mia Romano, David A. Moscovitch, Prabhjot Saini, Jonathan D. Huppert, The effects of positive interpretation bias on cognitive reappraisal and social performance: Implications for social anxiety disorder, Behaviour Research and Therapy, Volume 131, 2020,103651, ISSN 0005-7967

62 Srivastava, S., Tamir, M., McGonigal, K. M., John, O. P., & Gross, J. J. (2009). The social costs of emotional suppression: A prospective study of the transition to college. Journal of Personality and Social Psychology, 96(4), 883-897.

63 Amato, P. R. (1993). Children's adjustment to divorce: Theories, hypotheses, and empirical support. Journal of Marriage and Family, 55(1), 23-38.

64 Fraley, R. C., Fazzari, D. A., Bonanno, G. A., & Dekel, S. (2006). Attachment and psychological adaptation in high-exposure survivors of the September 11th attack on the World Trade Center. Personality and Social Psychology Bulletin, 32(4), 538-551

65 Ross, L., & Nisbett, R. E. (1991). The Person and the Situation: Perspectives of Social Psychology. Temple University Press.

66 McGraw, A. P., Warren, C., Williams, L. E., & Leonard, T. C.

(2012). Too close for comfort, or too far to care? Finding humor in distant tragedies and close mishaps. Psychological Science, 23(10), 1215-1223. doi:10.1177/0956797612443831

67 Cacioppo, J. T., & Cacioppo, S. (2014). Social relationships and health: The toxic effects of perceived social isolation. Social and Personality Psychology Compass, 8(2), 58-72.

68 Newman, M. L., Pennebaker, J. W., Berry, D. S., & Richards, J. M. (2003). Lying Words: Predicting Deception from Linguistic Styles. Personality and Social Psychology Bulletin, 29(5), 665-675.

69 Sirois, F. M., & Pychyl, T. A. (2013). Procrastination and the Priority of Short-Term Mood Regulation: Consequences for Future Self. Social and Personality Psychology Compass, 7(2), 115-127.

감정이 힘든 어른들을 위한 심리학

초판 발행   2024년 1월 29일

지은이   최정우
펴낸곳   다른상상
등록번호   제399-2018-000014호
전화   02)3661-5964
팩스   02)6008-5964
전자우편   darunsangsang@naver.com

ISBN   979-11-90312-98-1   03190

독자 여러분의 책에 관한 아이디어나 원고 투고를 설레는 마음으로 기다리고 있습니다.
이메일로 간단한 개요와 취지, 연락처를 보내주세요. 독자님과 함께하겠습니다.